미래생각발전소 24 기업과 브랜드, 변화와 혁신을 이끌다

초판 1쇄 발행 2025년 5월 20일

글쓴이 김영모 | **그린이** 이경국
펴낸이 김민지 | **펴낸곳** 미래M&B
등록 1993년 1월 8일(제10-772호)
주소 04030 서울시 마포구 동교로134(서교동 464-41) 미진빌딩 2층
전화 02-562-1800 | **팩스** 02-562-1885
전자우편 mirae@miraemnb.com | **홈페이지** www.miraei.com
블로그 blog.naver.com/miraeibooks | **인스타그램** @mirae_ibooks
ISBN 978-89-8394-973-8 74300 | ISBN 978-89-8394-550-1 (세트)

* 잘못 만들어진 책은 구입처에서 바꾸어 드립니다.
* 이 책은 저작권법에 따라 한국 내에서 보호받는 저작물이므로 무단 전재와 복제를 금합니다.

아이의 미래를 여는 힘, **미래ⁱ아이**는 미래M&B가 만든 유아·아동 도서 브랜드입니다.

지식과 생각의 레벨업

미래생각발전소

기업과 브랜드,
변화와 혁신을 이끌다

김영모 글 | 이경국 그림

미래i아이

○ 머리말

　이번 책은 쓰는 동안 나에게 성찰의 기회를 주었어요. 10년 전 대기업을 나와 컨설팅 회사를 거쳐 창업한 지 7년, 아무 준비 없이 무작정 대기업을 나와서 수많은 좌충우돌을 하며 어려움을 헤쳐 나가다 보니 훌쩍 10년이란 세월이 흘렀지요. 책을 쓰면서 나를 돌아보고, 나의 회사와 그동안 만났던 수많은 기업들, 역사 속의 수많은 기업들을 살펴보며 어떻게 성장해야 하는지 되돌아볼 수 있는 소중한 기회였답니다.
　이 책은 어쩌면 최초의 벤처 창업자일지 모르는 콜럼버스로부터 시작해요. 콜럼버스는 지구가 둥글다고 믿고 바다를 건너 인도까지 가겠다는 황당한 아이디어로 열심히 투자금을 구했어요. 본국 이탈리아에서는 모두 퇴짜를 맞고 이웃나라 스페인의 이사벨라 여왕에게 발견한 보물의 90퍼센트를 주는 조건으로 계약에 서명했어요. 콜럼버스는 죽을 때까지 남아메리카를 인도라고 믿었고, 남미에서 금은보화를 가득 싣고 이사벨라 여왕을 만나러 귀환했지요.
　역사의 현장에서 어떻게 기업이 탄생하고 성장했는지, 어떤 역할을 하였는지 살펴보면 많은 생각이 들어요. 식민지의 앞잡이 노릇을 했던 동인도 회사, 산업혁명과 산업화의 선봉을 이끌었던 기업들의 상반된 모습들, 군수회사로 출발해 전쟁 후 변신에 성공한 기업들, 세상을 주무르는 글로벌 대기업과 프랜차이즈, 재벌…. 기업들은 긍정적으로든 부정적으로든 우리가 사는 세상을 변화시키고 이끌어 가요.
　빠르게 변화하는 세상 속에서 수많은 기업들이 태어나고 성장하지요. 어떤 기업은 변화에 적응하지 못해 사라지고, 또 어떤 기업은 끊임없는 변신을 통해 경쟁에서 성공적으로 살아남아요. 고급 바리스타 커피를 우리 집 안 거실로 가져온 네스프레소, 자동차의 핵심을 엔진과 같은 하드웨어에서 소프트웨어로 옮겨 백 년 역사의 자동차 산업을 송두리째 바꿔 버린 테슬라, 카페를 그저 커피 마시는 곳이 아니라 와 보고 싶고 머무르고 싶고 자랑하고 싶은, 즉 문화를 파는 장소로 바꾼 스타벅스는 모두가 각기 다른 혁신의 이야기가 있어요. 반면, 한때 LCD 세계 1위 기업이었던 일본의 샤프는 경쟁에 밀려 역사에서 사라졌어요. 1980년대 글로벌 10위 안에 8개나 있었던 일본 기업들이 모두 사라진 걸 보면 섬뜩해요.

책을 읽다 보면 기업 환경이 어떻게 변화해 왔고 미래에는 어떻게 변할지 생각해 보게 될 거예요. 또한 유니콘 기업이 뭔지, 대기업과 스타트업의 차이점은 뭔지도 알게 될 거예요. 책을 읽고 나서 나는 어떤 사람인지 생각해 보고, 어떤 기업에서 일하고 싶은지 아니면 어떤 기업을 창업하고 싶은지 즐겁게 상상해 보기를 바라요.

부족한 글이 출판되도록 도와주신 미래아이 편집장님, 항상 멋진 그림으로 원고에 생명을 불어넣어 주시는 이경국 작가님께 감사드려요. 또한 언제나 믿고 지지해 주는 아내와 가족, 그리고 하나님께 모든 감사를 드립니다.

-김영모

차례

머리말 … 4

Chapter 1 세상을 움직이는 힘, 기업

우리 삶 속 여러 가지 모습의 기업 … 10
기업은 어떻게 생겨났을까? … 14
최도전 씨의 회사 만들기 도전 … 18
생각발전소 주식회사란 무엇일까? 여러 가지 회사의 종류 … 22
브랜드는 회사 이름과 다르다? … 26
생각발전소 1차 산업혁명부터 4차 산업혁명까지 … 30

Chapter 2 기업의 탄생과 발전

이사벨라 여왕은 최초의 벤처 기업 투자자? … 34
최초의 주식회사, 네덜란드의 동인도 회사 … 38
자본을 통해 유럽을 움직인 유대인 … 41
나라별 다양한 기업의 모습들 … 44
생각발전소 세계적인 가족 기업들 … 48
개인회사와 주식회사는 어떻게 다를까? … 51

Chapter 3 기업의 두 얼굴

식민지 제국의 앞잡이, 동인도 회사 … 58
새로운 시대를 열었던 기업들과 그로 인한 부작용 … 61
전쟁의 폐허에서 자라난 기업들 … 65
생각발전소 전쟁으로 태어난 기술들 … 68
세상을 주무르는 실질적인 힘, 글로벌 기업 … 73
시장의 거대한 포식자, 프랜차이즈 … 79
욕심의 끝판왕, 재벌 … 83

Chapter 4 기업은 살아 있는 생물

위기에서 기회를 찾아 성공한 기업들 … 88
카멜레온처럼 변신에 성공한 기업들 … 93
변화의 물결에 적응하지 못한 기업들 … 97
생각발전소 변신에 성공한 기업과 변신에 실패한 기업 … 102
약육강식의 세계, M&A … 106
혁신을 통해 끊임없이 진화하는 기업들 … 111

Chapter 5 미래 기업의 모습과 나의 선택은?

변하는 세상, 누구에게나 열린 새로운 기회 … 120
대한민국은 벤처 공화국으로 진화 중 … 124
생각발전소 작은 거인, 유니콘 기업 … 128
대기업과 스타트업 중 나의 선택은? … 130
기업의 미래는 경쟁이 아니라 창조 … 136
다가오는 미래에 나의 선택과 갖춰야 할 것은? … 141

Chapter 1
세상을 움직이는 힘, 기업

우리 삶 속 여러 가지 모습의 기업

거리를 걷다 보면 수많은 간판에서 익숙한 이름들을 보게 돼요. 올리브영, 스타벅스, 현대자동차, KFC, 파리바게트, 아디다스, 우리은행, 삼성전자… 우리가 일상에서 먹고 마시고 사용하는 거의 모든 것들을 생산하고 서비스를 제공하는 기업의 이름이에요.

이러한 기업들은 각각 제공하는 제품이나 서비스가 있어서 우리는 그것들을 이용하고 대가를 지불하면 그 돈이 모여서 기업으로 돌아가고 거기서 일하는 직원들이 급여를 받아 생활하게 되지요. 대부분의 우리 엄마, 아빠나 누나, 형들은 이런 기업에 근무하면서 급여를 받기도 하고, 어떤 분들은 이런 회사들을 운영하기도 해요. 어린 학생들은 그런 부모나 가족으로부터 용돈을 받아 기업의 제품이나 서비스를 사용하고요. 여기서 재미있는 점을 발견했나요?

우리는 기업이 만든 제품이나 서비스를 소모하는 사용자이면서도 동시에 기업에서 제품이나 서비스를 만들어 내는 생산자이기도 해요. 예를 들어, 아빠가 현대자동차에서 자동차를 만드는 일을 하신다면 생산자이지만, 그 차를 타고 스타벅스에 가서 커피를 마시고 오는

길에 KFC에서 치킨을 산다면 커피와 치킨에는 소비자인 거예요.

　곰곰이 생각해 봐요. 우리가 먹고, 마시고, 자고, 여행 가고, 돈을 빌리고, 투자하는 거의 모든 행위에는 그 제품이나 서비스를 만들어 제공하는 회사가 있고 또 그것을 소비하는 회사나 개인들이 있어요. 그리고 그런 회사에 우리 가족들은 근무하면서 소득을 얻고 또 그것을 소비하면서 경제를 돌아가게 하지요.

　그럼 회사나 기업이 없었던 시대에는 어떻게 생활했을까요? 컴퓨터도 자동차도 전기도 없는 산업혁명 이전 옛날 장터를 생각해 봐요. 사실 지금도 시골에 가면 오일장이 있지만 그때는 지금과 많이 달랐어요. 수백 년 전에 살던 할아버지가 장터에 물건을 사러 가는 모습을 상상해 봐요. 할아버지는 기르던 소를 끌고 가서 장에서 팔고 그 돈으로 막걸리 한잔을 한 다음, 짚신 한 켤레와 할머니를 위해 저고리를 만들 비단 한 필을 샀어요. 그때에는 막걸리도 누군가 집에서 만들어 온 것을 사 마셨고 짚신 한 켤레도 집이나 작은 공방에서 만들었을 거예요. 옷과 화장품, 신발 등등 대부분의 제품이 브랜드 이름도 없고 그것을 전문적으로 생산하는 기업도 거의 없었어요. 세탁기, 청소기도 없었고 밥솥도 없어 당시 여성은 밥 짓고, 빨래하느라 거의 하루를 다 보냈어요. 그런데 이제는 집집마다 세탁기, 청소기, 밥솥이 있어 일하는 시간이 많이 줄고 남는 시간에 여가를 즐기거나 다른 일을 할 수 있게 되었지요.

　지금 책상 앞이나 거실, 주방 등 집 안 구석구석을 살펴봐요. 컴퓨터, 책상, 의자, 냉장고, 세탁기, 밥솥, 가방, 운동화, 체육복, 축구공, 속옷, 양말 등등 거의 모든 물건 중에 우리가 직접 만든 건 없어요. 전문 업체에서 대부분의 물건들을 생산해서 팔면, 우리는 그걸 사서 사용해요. 세상은 그렇게 움직이고 있어요. 그럼 이제 슬슬 궁금해져요. 언제 이런 회사들이 생겨났고 언제부터 그 일을 해 온 걸까요? 역사 속에서 이런 회사들은 어떤 역할을 해 왔고, 미래에는 어떤 회사가 새로 나타나 세상을 바꿀지 지금부터 함께 살펴봐요.

기업은 어떻게 생겨났을까?

기업은 영리를 얻기 위하여 경제 활동을 하는 조직체를 말해요. 말이 좀 어렵죠? 일상생활에서는 기업이라는 말 대신 회사라고도 많이 말하지요. 기업과 회사는 엄밀하게 따지면 좀 다르지만 사실 거의 같은 뜻으로 쓰이고 있어요. 기업은 경제적 활동을 강조할 때 쓰는 말이고, 회사는 법률적 형태를 강조하는 말이라고 생

기업과 회사는 어떻게 다를까?

기업은 이윤 추구를 목적으로 재화와 용역을 생산하는 조직체로, 출자 형태에 따라 사기업, 공기업, 공사합동기업으로 나눈다. 회사는 상행위 또는 그 밖의 영리 행위를 목적으로 하는 사단법인을 가리키는데, 주식회사, 유한회사, 합자회사, 합명회사 등이 있다. 엄밀히 말하면 기업과 회사는 다르다. 회사는 법적으로 영리를 목적으로 한 법인을 가리키지만 기업이 반드시 법인인 것은 아니기 때문이다. 일반적으로 회사는 특정 업종에 특화되어 있고, 규모가 작은 경우를 말한다. 예를 들어 가게, 식당, 카페 또는 개인이 운영하는 소규모 사업장 등을 주로 회사라고 한다. 기업은 규모가 있거나 몇 가지 이상의 업종을 포함하는 사업장을 말한다. 주로 중소기업 이상의 중견기업, 대기업을 기업이라고 구분하기도 한다.

각하면 돼요.

그러면 이제 기업을 만드는 과정을 살펴봐요. 상상의 날개를 펴고 백여 년 전쯤 과거로 돌아가 기업을 한번 만들어 볼까요.

옛날 옛적에 손재주 씨라는 어떤 손재주 좋은 사람이 있었어요. 재주 씨는 짚신 만드는 기술을 배워서 짚신을 만들어 장터에 팔았어요. 처음에는 짚신 만드는 일만 하는 게 아니라 농사도 짓고, 소, 돼지, 닭도 키우고 나무도 해야 하는 등 다른 일도 해야 했으므로 일주일에 열 켤레만 겨우 만들어 팔았어요. 그렇게 판 돈으로 다른 물건도 사 왔지요. 그런데 재주 씨가 만든 짚신은 다른 사람이 만든 짚신보다 예쁘기도 하고 잘 떨어지지도 않았어요. 짚신은 빨리 동이 났고 사람들이 돈을 더 줄 테니 나에게 먼저 팔라고 할 정도로 인기가 좋았어요. 집에 오는 길에 손재주 씨는 생각했어요.

'농사일이나 가축 돌보는 일을 줄이고, 짚신을 더 만들어 팔면 어떨까? 그 돈으로 쌀도 사고 고기도 사 오면 더 낫지 않을까?'

그래서 재주 씨는 다른 일을 줄이고 짚신을 두 배나 더 만들어 팔았어요. 짚신 판 돈으로 필요한 것들을 사기 시작했고, 사람들은 그의 짚신을 '손재주 짚신'이라고 부르면서 점점 더 사고 싶어 했어요. 재주 씨는 다른 사람을 고용해서 짚신 만드는 기술을 전수하고 전문적으로 짚신을 만들기 시작했어요. 사람들이 일할 수 있는 장소도 임대했지요. 이렇게 '재주사'라는 회사가 생겨났어요.

물론 지어낸 이야기지만 많은 기업들이 이렇게 시작되었어요. 손재주 씨의 회사는 짚신으로 출발해서 고무신, 운동화, 등산화, 골프화까지 만드는 신발 전문회사 재주사로 발전했어요. 그러던 어느 날, 옷 장사로 돈을 많이 번 왕세련 씨가 찾아와서 한 가지 제안을 해요. 사람들이 재주 신발을 잘 알고 좋은 제품을 만든다고 소문이 나 있으므로, 자기가 옷은 만들어 올 테니 '재주'라는 상표를 붙여서 팔자고 제안을 했어요. 그렇게 해서 재주사는 신발뿐만 아니라 옷까지 만드는 회사가 되었고, 그 회사에는 손재주 씨뿐만 왕세련 씨도 돈을 투자해서 두 사람이 회사의 주인이 되었어요.

우리가 날마다 입고 신는 옷이나 신발을 만드는 회사들도 비슷한 과정을 겪었을 거예요. 나이키, 아디다스, 유니클로, 버버리, 캘빈클라인 등 귀에 익은 세계적인 브랜드도 각각의 탄생 이야기가 있답니다.

최도전 씨의 회사 만들기 도전

백여 년 전 손재주 씨처럼 오늘날 우리도 회사를 한번 만들어 보면 어떨까요? 최도전 씨는 진취적이고 무엇이든 이루고 싶어 하는 사람이에요. 최도전 씨는 기존 공기청정기 필터에 항바이러스 기능을 추가하는 획기적인 기술을 개발했어요.

'세상에 없던 기술이니 특허를 내야지. 이제 이 기술을 이용해 돈을 벌어야겠어! 그러려면 회사를 세워야지.'

최도전 씨는 필터를 생산하고 판매하는 회사 '챌린지'를 만들기로 했어요. 물건을 생산해서 판매하려면 제품의 이름이 있어야 하고, 또 제품을 생산하는 주체인 회사가 있어야 해요. 그래야 판매 대금을 받을 수 있고 세금도 낼 수 있기 때문이죠.

최도전 씨가 경제적으로 여유가 있거나 혼자서 모든 일을 다 할 수 있다면 혼자 회사를 만들면 돼요. 하지만 최도전 씨는 개발에는 전문가이지만 생산과 판매는 다른 사람의 도움이 필요해서, 두 친구와 동업을 하기로 했어요. 회사의 자본금을 정하고 그중에 60퍼센트는 최도전 씨가 내고 나머지 20퍼센트씩은 두 친구가 내서 지분을 나눠 가졌어요.

이제 챌린지라는 회사의 대표이사는 최도전 씨가, 생산과 마케팅 책임자는 두 친구가 맡았고 개발한 필터에는 '노바'라는 이름을 붙였어요. 처음에는 작은 공장에서 샘플을 만들어 공기청정기 업체를 찾아갔어요.

"아주 좋은 기술인 것 같군요. 기존에 필터를 납품하는 업체를 소개해 줄 테니 거기에서 테스트해 보시죠."

대기업 공기청정기 연구소장의 말에 최도전 씨는 아주 기뻐하지만 테스트 결과는 예상과 달랐어요. 공인 인증 결과는 잘 나오는데, 거기에서 테스트하면 이상하게 결과가 좋지 않다는 거예요. 결국 대기업 납품은 지연되고 물건을 팔지 못하니 매출은 발생하지 않아요. 처음에 모아 놨던 자본금은 바닥을 드러내기 시작했어요.

그래서 다른 사람의 도움을 받기로 하고 먼저 은행에 가서 대출을 신청했어요. 회사의 기술과 사업성을 설명했더니 다행히 기술이 우수해서 1억

회사가 돈을 마련하는 방법, 대출과 투자

회사에서 돈을 조달하는 방법은 다양한데, 크게 대출과 투자로 나눌 수 있다. 먼저 대출은 은행이나 개인, 회사로부터 돈을 빌려 오는 행위를 말한다. 대출을 받은 채무자는 일정 기간 내에 이자와 원금을 갚아야 할 의무가 있으며, 돈을 빌려 준 채권자는 안정적으로 대출금을 돌려받기 위해 보증과 담보를 요구하기도 한다. 회사에서 투자를 받는 경우에는 주로 주식의 일부를 제공하거나 새로운 주식을 발행하여 준다. 투자의 경우 대출과 달리 갚을 의무는 없는 대신 회사의 지분을 제공하므로 회사의 소유권, 즉 미래의 이익을 나눈다. 예를 들어, 은행에서 1억 원을 빌려서 이자와 함께 1년 후에 갚는다면 대출이고, 투자자로부터 1억 원을 받아서 회사 지분의 5퍼센트를 제공했다면 투자를 받은 경우이다.

원을 좋은 조건으로 대출받았지만 1억 원으로는 사업을 지속하기 어려웠어요. 재료도 사야 하고 장비도 사야 했거든요. 마침 잘 아는 분이 1억 원을 더 투자해 주었어요. 2억 원의 추가 자금을 마련하고 열심히 노력하니 고객이 늘기 시작했어요.

회사를 합치는 방법, M&A

M&A는 기업이 다른 기업과 합치거나(합병) 사들이는(인수) 것이다. 흔히 인수와 합병을 한 단어로 표현하는데 영어로는 M&A(엠앤드에이, Merger&Acquisition 머저 앤드 애퀴지션)이라 한다. 인수(Acquisition)는 한 기업이 다른 기업을 사들여 경영권을 가지게 되는 것을 말하고, 합병(Merger)은 두 개의 기업이 합쳐져서 새로운 기업이 되는 것을 말한다. A 기업이 B 기업의 주식을 인수하여 경영권을 가지면, B는 그대로 존재하지만 A가 B의 주인이 되는데, 이 경우 A가 B를 인수했다고 말한다. 한편, A와 B가 합쳐서 새로운 회사 C가 태어나거나 B가 없어지고 A만 남는 경우에는 A와 B가 합병했다고 말한다.

회사가 조금씩 성장하자 품질 관리, 재고 관리까지 해야 하는 상황이 되었어요. 이렇게 직원이 늘다 보니 직원을 뽑고 관리하는 인사 직원, 돈을 관리하는 회계 직원과 마케팅 인력도 필요하게 되고 더 큰 공장도 필요해졌지요. 최도전 씨와 동업자인 두 친구는 고민에 빠졌어요.

'어떡하지? 우리는 이렇게 큰 조직을 관리해 본 경험이 없는데…. 우리 역량을 넘어가는 상황이야!'

바로 그때 챌린지 사의 필터를 사용하는 필터 생산 전문업체가 인수 합병을 제안해 왔어요. 그렇게 세 사람은 회사의 지분을 대부분 넘겼어요. 연구를 좋아하는 최도전 씨는 연구에 집중하면서, 지분을 넘기고 받은 돈으로 새로운 회사를 세울 행복한 구상을 하고 있어요.

주식회사란 무엇일까? 여러 가지 회사의 종류

　회사는 만들 때 돈을 내고 책임을 지는 방식에 따라 몇 가지 형태로 나뉘어요. 가장 일반적인 형태인 주식회사는 주식을 가진 주주가 지분율에 따라 권리와 책임을 지는 회사예요. 쉽게 말하면, 사람들이 돈을 모아 자본금을 만들고, 돈을 낸 비율에 따라 권리와 책임을 지게 되는 회사를 주식회사라고 해요. 주식, 주주, 자본금, 지분율… 말이 너무 어렵다고요? 자, 하나하나 살펴볼까요.

　주식이란 주식회사의 자본을 나타내는 증권이에요. 주식회사는 회사를 운영하기 위해 필요한 돈을 모아야 하는데, 이때 주식을 발행하여 투자자들로부터 자금을 모아요. 주식을 사면 그 회사의 주주가 되어 회사 운영에 참여할 수 있지요. 주주는 주식을 가지고 직접 또는 간접으로 회사 경영에 참여하고 있는 개인이나 법인을 말해요.

　자본금은 주주들이 낸 금액의 총합을 의미하는데, 회사가 설립될 때에는 주식당 금액에 각각 주주들의 주식 수를 곱한 합계를 의미해요. 예를 들어, 주식회사 X를 설립할 때 1주당 1천 원짜리 주식을 1만 개 발행했다면 주식회사 X의 자본금은 1천만 원이 돼요. 또 주주들은 각자 낸 금액만큼, 즉 지분에 따라 주식을 받게 돼요. 각각의 주주는 자신의 주식 일부 또는 전체를 다른 사람과 원하는 가격에 거래할 수 있고, 회사는 새로운 주식을 발행하여 사람들에게 팔아서 추가로 자금을 조달할 수 있어요.

지분은 전체 주식 수 중에 각각의 주주가 가진 주식 수나 비율을 말해요. 지분이 가장 높은 주주를 대주주라고 하지요. 예를 들어 볼까요? 3명의 친구 A, B, C가 각각 5백만 원, 2백만 원, 3백만 원씩 돈을 내고 1천 원짜리 주식 1만 개 발행하여 자본금 1천만 원짜리 주식회사 X를 만들었어요. A, B, C는 각각 5천, 2천, 3천 개의 주식을 가지게 되고 각각 50퍼센트, 20퍼센트, 30퍼센트의 지분을 가지게 돼요.

A, B, C는 각각 또는 다른 사람에게 주식의 일부 또는 전체를 사고팔 수 있고, 거래 금액도 각자 정할 수 있어요. 회사가 매출이 많거나 성장성이 좋으면 비싼 값에 주식을 팔 수도 있어요. 회사도 새로 주식을 발행해서 A, B, C에게 또는 다른 사람에게 팔 수 있는데, 회사가 잘될 경우 액면가(주식이나 채권의 표면에 적힌 가격)보다 비싼 값에 주식을 팔아 더 많은 돈을 조달할 수 있고 회사가 어려울 경우 싸게 발행하기도 해요.

한편, 우리나라는 상법상 회사의 종류를 네 가지로 구분하고 있는데, 어떤 종류의 회사들이 있는지 한번 살펴볼까요.

- 주식회사 : 회사의 구성원(주주)이 낸 돈(자본)으로 설립하되, 주주들이 각자 낸 금액에 따라 주식을 나누어 갖는 구조의 회사예요. 소유한 주식에 따라 이익을 분배받고 회사의 빚(채무)에 대해 주주의 주식 한도 내에서만 책임을 지면 되므로 자금을 모아 기업을 키우기 쉬운 형태예요.
- 유한회사 : 50인 이하의 유한책임 사원으로 조직되는 회사예요. 유한책임 사원은 회사의 채무에 대해 출자액의 한도 내에서 책임을 져요. 유한

회사는 사원이 회사에 돈을 낸 만큼 지분에 따라 이익을 분배받고 빚에 대해 책임을 지는 것은 주식회사와 같으나, 주식을 사고파는 것이 어렵기 때문에 회사가 잘되어도 비싼 값에 지분을 팔거나, 다른 사람에게 주식을 새로 만들어 팔아 회사의 규모를 키우기는 힘들어요.

- 합명회사 : 사원 모두가 회사의 채무에 대해 함께 무한책임을 지는 회사예요. 소규모 기업에서 흔히 볼 수 있는 형태로, 회사에 손해가 날 경우 사원이 자신의 재산으로 갚아야 해요. 2인 이상의 무한책임 사원으로 구성되며, 사원 모두 무한책임을 지므로 서로 간의 신뢰가 강한 가족이나 친구 등이 설립하는 경우가 많아요. 예를 들어, 친구 2명이 똑같이 1천만 원씩 내서 회사를 만들고 이익이 나면 둘이 똑같이 나누고 손해가 나도 똑같이 모든 책임을 나누어 갖는 경우, 합명회사라고 할 수 있어요.
- 합자회사 : 일부는 무한책임 사원이고 일부는 유한책임 사원으로 구성된 회사예요. 무한책임 사원은 대표권을 가지며, 그 외 다른 사원은 유한책임을 져요. 이익이 생기면 대표와 직원이 서로의 약속에 따라 나누고 손해가 나면 직원은 자신의 책임 범위에서만 책임을 지지만, 대표는 자신의 재산까지 동원해서 갚아야 할 의무가 있어요.

브랜드는 회사 이름과 다르다?

 현대자동차 GV80, 삼성전자 갤럭시 S25, 애플 아이폰 16…. 우리 주변에서 자주 보고 듣는 이름이에요. 현대자동차는 회사 이름이고 GV80은 여기서 생산하는 자동차 모델의 이름이에요. 회사 이름을 브랜드라고 하기도 하고 아주 품질이 좋고 비싼 최고급 브랜드를 명품 브랜드라고도 하지요.

브랜드(Brand)의 어원은 불에 타다는 뜻인 고대 노르웨이어 '브란드르(Brandr)'인데, 불에 달군 인두로 소나 말과 같은 가축에 낙인을 찍어 자기 소유인 것을 나타낸 것에서 유래했다고 해요. 브랜드의 역사는 고대 로마 시대까지 거슬러 올라가는데, 당시에는 글씨를 읽을 줄 아는 사람이 적어서 사람들에게 자기 가게를 알리기 위해 딱 보면 알 수 있는 그림이나 표식을 걸어 놨어요. 예를 들어, 칼 만드는 집이면 멋진 칼을, 신발 만드는 집이면 신발을 간판에 그려 놓았고, 국자를 걸어 두면 주방용품을 판다는 뜻이지요. 이렇게 사업자가 자기 상품을 경쟁자의 것과 구별하기 위해 사용하는 그림이나 문자, 기호 같은 표지가 바로 브랜드예요. 독일에 츠빌링(Zwilling)이라는 유명한 주방용 칼 브랜드가 있는데,

칼에 쌍둥이 그림이 그려져 있어서 다들 쌍둥이 칼이라고 불러요. 샤넬, 나이키, 아디다스 등도 제품에 브랜드를 표시해서 자신의 제품임을 알리고 또 사용하는 사람들은 내가 이런 제품을 쓰고 있다는 걸 은연중에 자랑하기도 해요. 이런 브랜드의 표시는 언제부터 시작되었을까요?

봉건 시대에 일반 사람들은 성 근처의 마을에 모여 살면서 자기가 농사를 짓거나 만든 물건을 시장에 팔고 다른 사람들이 만든 물건을 사다 썼어요. 고기는 푸줏간, 빵은 빵집, 농기구는 대장간에서 구했는데 이런 가게는 대부분 마을에 하나밖에 없으므로 다른 가게가 생기기 전까지는 푸줏간, 빵집, 대장간이라고 하면 되고 그 물건을 누가 만들었는지 알았기 때

봉건 제도와 직업에서 유래한 서양 성씨

봉건 제도는 영토가 넓은 지역을 다스리기 위한 방법으로 생겨난 제도이다. 왕은 지방 호족이나 나라에 기여한 사람에게 토지를 하사하여 그 지방의 영주가 되게 하고 자치권을 부여했다. 영주는 토지를 받는 대가로 왕과 주종 관계를 맺어 충성을 맹세하고 세금을 바치고 왕이 요청할 때 군대를 제공하였다. 봉건 제도에서는 태어나면서부터 귀족, 성직자, 기사, 농노 등의 신분이 정해져 있어 신분의 변화나 상승의 기회가 거의 없이 세습되어 신분과 직업에서 유래된 성씨들이 많다.

스미스(Smith, 대장장이), 밀러(Miller, 방앗간 주인), 파머(Farmer, 농부), 셰퍼드(Shepherd, 양치기), 아처(Archer, 궁수), 쿡(Cook, 요리사), 다이어(Dyer, 염색업자), 카터(Carter, 짐 마차꾼), 쿠퍼(Cooper, 큰 나무통 만드는 사람), 브루어(Brewer, 양조업자), 메이슨(Mason, 석수), 헌터(Hunter, 사냥꾼), 글로버(Glover, 장갑 장수), 가드너(Gardner, 정원사), 피셔(Fisher, 어부), 포터(Porter, 짐꾼), 위버(Weaver, 방직공), 터너(Turner, 선반공), 테일러(Taylor, 재단사), 파커(Parker, 공원 관리인), 팔머(Palmer, 순례자), 클라크(Clark, 성직자), 비숍(Bishop, 주교), 나이트(Knight, 기사), 페이지(Page, 하인) 등 수많은 성들이 직업이나 신분에서 유래되었다.

문에 별도로 표시할 필요가 없었지요. 이렇게 부처(Butcher, 푸줏간 주인), 베이커(Baker, 제빵업자), 스미스(Smith, 대장장이) 등 서양의 많은 이름들이 직업에서 유래되었어요. 영국의 유명한 마거릿 대처 수상의 이름 대처(Thather)도 초가집 이엉장이에서 유래된 성씨라고 하니 재미있지요?

한편, 봉건 시대에 왕이나 귀족들은 사치스러운 옷이나 물건들을 사용했고 그런 것들을 만드는 장인들이 있었어요. 장인들은 왕이나 귀족들에게 맞추어 옷이나 물건을 만들었기 때문에 딱 보면 누가 만들었는지 누구를 위해 만들었는지 알아볼 수가 있었어요. 그런데 1789년 프랑스 대혁명으로 루이 16세가 단두대에서 사형을 당하고 새로운 시대가 열리면서, 시민 계급인 부르주아가 역사의 중앙 무대에 등장했어요. 산업혁명으로 돈을 벌고 프랑스 대혁명으로 권력까지 가지게 된 부르주아들은 이전에 왕족과 귀족들만 누렸던 사치스러운 옷과 물건들을 사용하게 되었어요. 그래서 이전보다 훨씬 더 많은 사람들이 장인이 만든 옷과 물건을 사용하게 되었는데, 부를 과시하고 싶고 남과 다르게 보이고 싶은 욕심이 생겼어요. 장인 역시 자신이 만든 물건을 다른 장인의 것과 **차별화하고 싶어서 옷이나 신발 등 물건에 자신만의 표시, 즉 브랜드를 새기기 시작**했고 그것이 온갖 브랜드의 유래가 되었어요.

일반적으로 브랜드는 회사의 이름이고 제품명과는 다른데, 제품명이 너무 유명해져서 아예 회사 이름으로 바꾸는 경우도 있어요. 일본의 샤프와 미국의 코카콜라도 처음에는 제품명이었는데 제품이 유명해지자 아예 회사 이름을 샤프와 코카콜라로 바꾸었다고 해요.

1차 산업혁명부터 4차 산업혁명까지

제임스 와트의 증기기관이 발명된 이후 인류 역사상 처음으로 기계를 이용한 대량 생산이 가능해졌어요. 이는 공장과 도시의 발달 등 산업과 사회 전반에 커다란 변화를 가져왔는데, 훗날 학자들은 이러한 변화를 '산업혁명'이라고 불렀어요. 산업혁명은 아직도 계속되고 있고, 현재는 4차 산업혁명이 진행 중이에요.

1차 산업혁명 : 증기기관의 발명과 기계화

1769년 제임스 와트가 증기기관을 발명한 후, 인류는 기계의 힘을 이용해 이제껏 경험해 보지 못한 대량 생산 체계를 갖추게 돼요. 생산성이 높아지면서 더 좋은 물건을 싸게 만들어 팔 수 있게 되자, 이전에는 부자나 귀족들만 사용했던 물건들을 보통 사람들도 사용할 수 있게 되어 삶의 질이 향상되었어요. 한편, 시골 농부들이 공장 노동자가 되기 위해 한꺼번에 몰리면서 생산과 소비가 밀집되는 도시가 생겨났어요. 그로 인해 도시 빈민, 아동 노동 착취, 산업 재해 등의 부작용도 발생했어요.

2차 산업혁명 : 전기 에너지와 컨베이어 벨트

헨리 포드의 컨베이어 벨트를 이용한 대량 생산 방식은 자동차의 가격을 기존 공장 노동자 1년 치 급여의 5배에서 2배 정도로 낮추었어요. 이로써 귀족이나 부자만의 전유물이었던 자동차를 중산층도 구매할 수 있게 되었어요. 전기의 발명으로 가능하게 된 이 획기적인 생산 방식은 자동차뿐만 아니라 여러 공산품의 생산 방식도 바꾸었고, 물질적 풍요를 가져왔지요. 누구나 자동차로 장거리 여행을 갈 수 있게 되면서 여행업, 운송업, 숙박업 등 새로운 산업이 탄생했고, 사회 전반에 엄청난 변화가 일어났어요.

3차 산업혁명 : 컴퓨터와 인터넷 기반의 지식 정보 혁명

1970년대에 등장한 전자 기술과 집적회로의 발달로 점점 더 복잡한 프로그램의 수행이 가능해진 컴퓨터가 인간의 계산이나 판단을 대신하면서 공장 자동화가 가속화되었어요. 1992년, 인터넷이 시작되면서 제3차 산업혁명이라고 불리는 지식 정보 혁명이 일어났어요. 더 이상 정보가 어느 한 사람, 한 장소의 전유물이 아니라 인터넷을 통해 어디에서나 얻을 수 있게 되어, 그 정보를 찾고 가공하고 활용하는 능력이 중요한 세상이 되었어요. 1차와 2차 산업혁명이 물질 생산의 혁명, 즉 하드웨어의 혁명이라면 3차 산업혁명은 지식 정보, 즉 소프트웨어의 혁명이라고 말할 수 있어요.

4차 산업혁명 : 하드웨어와 소프트웨어의 융합

3차 산업혁명이 소프트웨어, 지식 정보 혁명이라면 2016년 처음 언급되기 시작한 4차 산업혁명은 3차 산업혁명에서 비롯된 지식 정보 혁명이 1차와 2차 산업혁명에서 이룩한 물질 생산 혁명과 융합하여 물질 생산의 양과 질을 이전과는 완전히 다른 차원으로 더 높이게 되는 현상을 말해요. 기존의 대량 생산 체계가 인공지능, 빅데이터, 블록체인, 3D 프린팅, 자율주행 등의 새로운 IT 기술을 만나 이전에 경험하지 못한 훨씬 더 높은 생산성과 편리성을 가져오게 되는데, 이것을 4차 산업혁명이라고 해요.

Chapter 2
기업의 탄생과 발전

이사벨라 여왕은 최초의 벤처 기업 투자자?

최초의 회사는 어떻게 생겨났고, 어떻게 발전해 왔을까요? 최초의 기업은 아주 오래전에 있었겠지만, 여기서는 어쩌면 최초의 벤처 기업 창업가와 벤처 기업 투자자일지 모르는 콜럼버스와 이사벨라 여왕에 대해 살펴보도록 해요.

15세기 초, 베네치아나 제노바와 같은 이탈리아 도시국가와 오스만튀르크의 지중해 무역 경쟁에서 뒤진 포르투갈은 아프리카를 넘어 아시아 항로를 개척했어요. 아프리카 해안을 따라 인도와 중국 등 아시아의 향신료와 비단을 가져오면서 포르투갈은 지중해 경쟁자를 무찌르고 향신료 무역을 주도하게 되었고, 포르투갈의 수도 리스본은 유럽 향신료와 각종 무역의 중심지가 되었어요.

당시 과학자들의 지구가 둥글다는 가설이 흥미로웠던 이탈리아 제노바 출신의 탐험가 크리스토퍼 콜럼버스는 생각했어요.

'멀리 아프리카 해안선을 따라갈 것이 아니라 대서양을 가로질러 가면 인도가 있지 않을까?'

사실 포르투갈이 아프리카 연안 해안을 장악하고 있어 그 뱃길을 이용하기 어려웠기 때문이기도 했어요.

콜럼버스는 대서양을 건너 인도에 가서 많은 보물을 가져올 테니 배와 선원을 지원해 달라고 이탈리아의 왕과 귀족에게 제안했지만 모두에게 퇴짜를 맞았어요. 대서양 끝은 낭떠러지라고 굳게 믿고 있었던 당시 사람들에게 콜럼버스의 계획은 터무니없었던 거죠. 위험성은 크지만 성공할 경우 큰 수익이 예상되는 모험적인 아이디어를 사업화하려는 중소기업을 벤처 기업이라고 하는데, 콜럼버스가 오늘날 벤처 기업가의 원조였던 셈이에요.

이탈리아에서 후원을 받지 못한 콜럼버스는 스페인으로 가서 이사벨라 여왕에게 제안했어요. 놀랍게도 이사벨라 여왕은 콜럼버스의 제안을 받아들였는데, 포르투갈과의 경쟁에서 이길 수 있다는 생각과 만약에 콜럼버스가 성공한다면 많은 보물을 가져와 재물도 얻고 국내외적으로 지배력도 높일 수 있다는 생각이었지요.

이렇게 해서 1492년 콜럼버스는 이사벨라 여왕과 계약을 맺어 선단을

콜럼버스와 이사벨라 여왕의 산타페 협약

인도 항로 개척을 제안한 콜럼버스는 1492년 스페인의 이사벨라 여왕으로부터 선단을 지원받으면서 다음과 같은 조건으로 협약을 맺었는데, 스페인 남부의 산타페에서 협약을 맺어 산타페 협약이라고 부른다. 첫째, 발견한 모든 땅의 소유권은 스페인으로 하며 콜럼버스는 그 땅의 대리인이다. 둘째, 콜럼버스는 발견한 모든 땅의 총독으로 왕실의 혜택과 명예를 누린다. 셋째, 발견한 모든 이익의 10퍼센트는 콜럼버스가, 나머지 90퍼센트는 이사벨라 여왕이 갖는다.

벤처 기업과 스타트업 기업은 무슨 차이일까?

벤처 기업은 '모험'이라는 뜻의 벤처(Venture)와 기업의 합성어로 혁신적인 기술이나 아이디어를 바탕으로 모험적인 사업을 하는 기업을 말한다. 실패 확률도 높으나 성공하면 성장률이 매우 높은 고위험, 고수익 사업을 하는 회사이다. 스타트업은 미국 실리콘밸리에서 처음 쓰기 시작한 단어로, 벤처 기업과 비슷한 의미로 쓰이며 두 단어를 혼용해 쓰기도 하지만 국내에서는 보통 창업한 지 7년이 지나지 않은 신생 기업을 스타트업이라 한다. 스타트업은 대개 창업 초기 단계 기업으로, 아직 대규모 투자 유치 전 단계에 있는 경우가 많지만, 벤처 기업은 이미 일정 규모 이상의 투자를 유치하여 성장 궤도에 오른 기업이다. 또한 벤처 기업은 정부에서 인증을 받은 기업이라 다양한 세금 혜택과 자금 지원을 받을 수 있는 반면, 스타트업은 별도의 인증 절차가 없다.

이끌고 최초로 대서양을 횡단하여 신대륙을 정복한 인물이 되었어요. 사실 콜럼버스가 실제로 도착한 땅은 인도가 아니라 서인도 제도의 산살바도르섬이지만 콜럼버스는 죽을 때까지 거기가 인도라고 생각했고, 그래서 거기 사람들을 인디언이라고 불렀어요. 콜럼버스가 많은 금과 보물을 신대륙에서 발견했는데, 이에 앞서 발견한 모든 이익의 10퍼센트를 가질 수 있는 권리를 보장하는 계약을 맺었어요. 실제로 10퍼센트를 받았는지는 논란이 있지만 어쨌든 신대륙 정복이라는 콜럼버스의 황당한 아이디어를 믿고 투자해서 큰 이익을 얻은 이사벨라 여왕은 어쩌면 최초의 벤처 기업 투자자가 아닐까요?

최초의 주식회사, 네덜란드의 동인도 회사

콜럼버스의 대서양 횡단으로 대서양 너머 신대륙이 있다는 사실이 알려지자 너도나도 신대륙 정복과 무역에 뛰어들었어요. 15세기 당시 네덜란드는 청어 무역으로 큰돈을 벌어 신흥 강국으로 부상하고 있었어요. 보관 기술이 부족했던 당시 네덜란드 사람들은 청어의 내장을 제거하고 소금에 절이는 방법으로 유럽 전역에 청어를 판매해서 돈을 벌고, 그 돈으로 북유럽에서는 광물과 목재를 사서 지중해 국가에 팔고 거기서 아시아에서 온 향신료와 도자기, 후추 등을 사서 다른 유럽 지역에 파는 무역으로 큰돈을 벌었어요. 그래서 당시 네덜란드는 '유럽의 마부'라는 별명을 얻을 정도였어요.

그렇게 유럽 곳곳을 활보하며 유럽의 강자로 부상하고 있던 네덜란드는 스페인으로부터 독립하기 위해 독립 전쟁을 치르게 되었는데, 스페인의 펠리페 2세는 리스본의 향신료 시장에서 네덜란드가 거래하지 못하도록 했어요. 그때까지 리스본에서 향신료를 가져다 북유럽에 공급했던 네덜란드는 리스본에서 향신료를 구하지 못하게 되자, 직접 아프리카를 넘거나 대서양을 건너 먼바다로 나가야만 했어요.

마침 콜럼버스의 성공으로 신대륙에 관심이 많던 네덜란드 상인들은 대서양 건너 먼바다로 나갈 선단을 구성하기로 했어요. 여러 척의 배와 수백 명의 선원, 무기와 식료품 등을 준비하기 위한 자금을 마련해야 했는데, 그 비용을 한 사람이 마련하기는 어려웠어요. 성공하면 수십 배 이상의 큰돈을 벌 수 있어서 여러 사람이 돈을 모아 선단을 꾸렸지요.

이미 오래전부터 중국이나 베네치아, 제노바 등의 상인들은 몇몇 동업자들이 돈을 모아 항해에 필요한 자금을 마련해 오고 있었지만, 네덜란드 상인들은 처음으로 항해에 필요한 자금을 불특정 다수의 일반인을 대상으로부터 모았어요. 1602년 동인도 회사를 만들어 그 회사 소유권을 쪼개어 네덜란드에 거주하는 사람은 누구나 살 수 있도록 했어요. 처음으로 회사의 소유권을 주식이라는 형태로 쪼개어 팔면서 일부 동업자뿐 아니라 누구나 회사의 소유권을 나누어 가질 수 있도록 한 거죠. 바로 최초의 주식회사가 탄생한 거예요. 이렇게 해서 네덜란드 동인도 회사는 2년 전인 1600년에 설립된 영국의 동인도 회사보다 10배가 넘는 큰돈을 모을 수 있었어요.

다양한 형태의 합자회사는 이미 오래전부터 있었지만 기업의 소유권, 즉 주식을 일반인에게도 살 수 있도록 공개한 주식회사는 네덜란드 동인도 회사가 처음이에요. 그렇게 탄생한 주식회사는 막대한 자금을 모을 수 있었고, 주식회사의 형태를 모방한 유럽의 나라들은 이 자금으로 신대륙을 항해할 선단을 구성할 수 있게 되어 대항해 시대가 본격적으로 열리게 되었어요. 주식을 사고팔 수 있는 증권거래소도 1613년 네덜란드 암스테르담에 처음으로 세워졌답니다.

자본을 통해 유럽을 움직인 유대인

땅도 작고 강대국 사이에서 고생하던 네덜란드가 무역으로 돈을 벌기 시작하면서 무역에 능하고 돈이 많은 유대인들이 네덜란드로 몰려들기 시작했어요. 때마침 네덜란드가 동인도 회사로 큰 수익을 올리게 되자 더 많은 유대인들이 무역으로 돈을 벌기 위해 네덜란드로 왔어요. 이 배경에는 유대인들이 그리스도인들과 결혼하거나 국교를 비판하지 않으면 자유롭게 들어와 살도록 한 네덜란드의 관용적인 종교 정책도 큰 역할을 했어요.

1688년 당시 네덜란드 오라녀 공국의 군주 윌리엄 3세가 영국 왕으로 추대되어 영국의 왕과 네덜란드의 군주를 겸하게 되었어요. 네덜란드에서 주식 시상을 통해 자금을 모으고 큰돈을 번 유대인들은 윌리엄 3세를 따라 영국에 가서 주식회사와 주식 시장을 만들었어요. 이렇게 해서 영국은 당시 경쟁자였던 스페인이나 프랑스보다 많은 자금을 마련할 수 있었고 대항해 시대에 무역과 전쟁에서 이길 수 있는 발판을 만들었어요.

영국의 부흥에 기여한 유대인과 자본가들은 런던 시내 한복판 자기들

이 사는 지역에 특별한 권리를 받아냈어요. '더 시티 오브 런던(The City of London)', 줄여서 '더 시티'라고도 불리는 런던 시내 한가운데에 있는 이 지역은 영국 금융 산업의 중심지가 되었어요. 돈 많은 자본가들은 자신들의 권익을 보호하고 다른 사람들이 함부로 들어오는 것을 막기 위해 외부 사람이 이 지역에 들어올 때는 특별 허가증인 프리패스를 받도록 했답니다.

유대인 가문인 로스차일드 가문이 영국의 주식 시장을 장악한 사실은 아주 유명해요. 당시 로스차일드 가문은 전 유럽 주요 도시에 정보원을 파견하여 신속하게 정보를 모으고 그 정보를 토대로 남보다 빠른 결정을 해서 큰돈을 벌었어요. 1815년 영국군과 프랑스의 나폴레옹 군대가 벨기에의 워털루에서 싸우고 있었는데, 로스차일드 가문은 영국이 프랑스에 이길 것이라는 정보를 누구보다 빨리 얻을 수 있었어요. 그래서 런던 주식 시장에 영국이 전쟁에서 패배할 것이라는 소문을 퍼뜨렸고 주가가 폭락하자 주식을 싼 가격에 긁어모았지요. 며칠 후 영국이 전쟁에서 승리하자 주가는 다시 솟구쳤고 로스차일드 가문은 주식을 비싼 값에 되팔아 영국 증시를 장악했다고 해요. 이처럼 기업은 자신의 정보력과 자금력을 이용해서 한나라의 흥망성쇠를 좌우하기도 하고 전쟁의 승패를 결정하기도 하는 엄청난 힘이 있어요.

나라별 다양한 기업의 모습들

기업의 형태는 다양한데 나라별로 특정 기업 형태가 많은 경우가 있어요. 역사적으로 오랜 전통을 가진 기업들이 생겨난 나라에는 가족 기업과 도제 제도가 발달한 경우가 많아요. 가족 기업은 형제나 자녀 등 직계 가족이나 배우자의 가족 등이 회사의 구성원으로 회사를 소유하고 경영하며, 이익도 가족 안에서 공유하고 물려주는 기업 형태예요. 도제 제도는 기술을 가진 수공업자이나 중소기업의 소유주가 가족에 국한하지 않고 기술을 전수받는 제자에게 자신의 기술을 물려주는 제도인데, 제자는 스승을 보조하면서 기술을 배우고 나중에 그 가게를 물려받거나 자신의 가게를 차리게 되지요. 이와 같은 도제 제도가 발달한 나라로는 독일이 있어요.

독일은 옛날부터 숲이 울창하게 우거져서 사람들의 이동이 자유롭지 않은 나라였어요. 그래서 1871년에야 통일이 되었지요. 특히 라인강 동쪽은 나무 색깔도 검고 숲이 워낙 우거져서 '검은 숲'이라고 불렸는데, 로마 제국이 라인강 동쪽을 점령하기 위해 침략했다가 두 번이나 전쟁에 패하고 집정관도 목숨을 잃기까지 했답니다. 이렇게 사람들의 왕래가 적은 지역에서는 마을 단위로 자급자족을 해야만 했어요. 날씨가 좋지 않고 나무가 많아 농사를 짓기 어렵고 수렵에 의존해야 하는 상황에서는 젊고 힘센 사람이 우두머리가 될 수 있었고, 나이 든 사람도 젊은 우두머리에게 굴복했지요. 그래서 자연스럽게 힘에 의한 위계질서가 잡혔고 물건을 만드는 기술도 이러한 위계질서 아래에서 전수되어 도제 제도로 발달하게 되었어요. 이렇게 발전한 작은 기업들은 높은 경쟁력을 가지게 되었는데, 독일에 유난히 세계적인 강소기업이 많은 이유예요.

햇빛도 들지 않는 검은 숲, 슈바르츠발트

'검은 숲'은 독일의 남서쪽 바덴뷔르템베르크주의 서쪽, 프랑스와 국경 쪽에 있는 숲을 지칭한다. 짙은 전나무들이 해가 비치지 않을 정도로 빽빽하게 자라 있어, 하늘이나 멀리서 보면 검게 보일 정도로 짙은 색깔이라 블랙 포레스트(Black Forest), 즉 검은 숲이라고 불린다. 독일어로는 슈바르츠발트(Schwarzwald)라고 하는데, 중세를 거치면서 많이 훼손되어 줄었지만, 고대 로마 시대에는 라인강 동쪽이 대부분 블랙 포레스트일 정도로 숲이 우거져 마차나 말을 타고 진입하기가 어려워 로마 제국도 끝내 점령하지 못했고, 거기 사는 사람들을 야만인을 뜻하는 바바리안(Barbarian)이라 불렀다.

유독 독일에 직업과 관련된 성씨가 많은 것도 그 때문이에요. 슈마허(Schumacher, 신발 만드는 사람), 슈미트(Schmidt, 대장장이), 뮐러(Müller, 방앗간 주인), 슈나이더(Schneider, 재단사), 호프만(Hoffman, 농부), 피셔(Fischer, 어부), 마이어(Meyer, 집사), 바그너(Wagner 마차 만드는 사람), 베켄바우어(Beckenbauer, 도공), 베버(Weber, 옷감 짜는 사람), 베커(Becker, 제빵사), 코흐(Koch, 요리사), 치머만(Zimmerman, 목수) 등 아주 흔해요.

일본도 남북으로 길게 뻗어 있고 산과 섬으로 분리되어 있어서 사람들의 왕래가 어려웠고 지역별로 자급자족하는 경향이 컸어요. 또한 귀족과 사무라이 계급이 있고 그 밑에 농민과 공인, 상인들 계급이 엄격하게 나뉘어 있어 물건을 만드는 공인들은 우리나라처럼 과거를 통한 계급 상승을 꿈꿀 수 없고 평생 같은 직업에 종사해야 했어요. 대장장이 아들로 태어나면 평생 대장장이로 살아야 하고 그 아들, 손자도 대장장이가 되어야 했지요. 이러한 계급사회에서 공인들은 사무라이와 귀족들에게 바칠 더 좋은 물건을 만들어 내기 위해 노력에 노력을 거듭했어요. 이렇게 문제점을 개선하고 기술을 발전시키는 등 혼신의 노력을 기울여 제품을 만드는 장인 정신을 일본어로 '모노즈쿠리'라고 해요. 장인 정신을 바탕으로 한 일본의 이런 독특한 제조 문화가 일본에 수많은 세계적인 작은 기업들을 탄생시켰지요.

이탈리아의 가족 기업은 도제 제도와 비슷하지만 직계 가족이나 제자 한두 사람이 아니라 좀 더 큰 가족 단위로 사업이 전수된다는 점에서 조금 달라요. 넓은 평야에서 농사를 많이 지었던 이탈리아에서는 독일이나 일본보다 대단위로 가족을 이루어 살았어요. 넓은 지역에 농사를 짓기 위해서 노동력도 많이 필요했고 그래서 가족 간의 유대 관계도 끈끈했어요. 중세 이후 공예품, 식품 가공 등 산업이 발전하면서 자연스레 가족 단위로 사업을 영위하게 되었고, 귀족들에게 물건을 납품하던 가족 기업들은 자신만의 최고의 제품을 만들었어요. 그 전통은 오늘날까지 이어져, 이탈리아의 가족 기업은 패션, 공예, 식품 등 다양한 분야에서 세계적인 명품 기업으로 성장할 수 있었지요.

세계적인 가족 기업들

글로벌 500대 기업 중에 3분의 1은 가족 기업일 만큼, 가족 기업에서 출발해 세계적인 규모의 기업으로 성장한 기업들이 많아요. 누구나 한번쯤 들어봤을 법한 유명한 가족 기업의 예를 알아볼까요.

- BMW : 제1차 세계대전 때 전투기 엔진 회사로 시작한 BMW는 2차 세계대전 이후 전범 기업(전쟁 범죄에 적극적으로 가담해 그를 기반으로 성장한 기업)으로 어려움을 겪다 오토바이, 자동차 생산을 재개하고 영국의 랜드로버, 로버, 미니, 롤스로이스 등을 인수하면서 세계적인 자동차 회사로 성장했어요. 크반트 가문이 경영권을 소유한 가족 기업이에요.

- 머크(Merck) : 1688년 약국으로 시작한 머크는 반도체 소재, 액정, OLED 소재와 생명과학용 시약, 신약 개발 회사로 변모한 독일의 가족 기업이에요.

- LVMH : 프랑스 파리에 본사를 둔 세계 최대의 사치재 제조기업으로, 루이뷔통, 불가리, 디올, 펜디, 모엣 샹동 등 여러 명품 브랜드를 보유한 프랑스 가족 기업이에요.

- 밀레(Miele) : 1899년 밀레 가문과 진칸 가문에 의해 설립된 밀레는 크림 분리기로 시작하여 낙농 설비, 진공청소기, 세탁기, 자전거, 식기세

척기, 냉장고 등 세계 최고의 가전제품을 생산하는 독일의 가족 기업으로 4대째 이어져 내려오고 있어요.

- 겔랑(Guerlain) : 19세기 겔랑 가문에 의해 설립된 화장품 회사로 최고급 향수로 유명하며 값비싼 명품 화장품도 생산해요. 현재는 LVMH 그룹의 소유가 된 가족 회사예요.

- 발렌베리(Wallenberg) : 발렌베리 가문은 스웨덴에서 가장 영향력 있고 부유한 기업가 가문으로, 발렌베리 그룹은 150년 이상의 역사를 가진 금융, 산업, 서비스 등 다양한 사업을 영위하는 스웨덴의 최대 가족 기업이에요. 전자 제품 기업 일렉트로룩스, 제약업체 아스트라제네카, 항공기 및 자동차 회사인 사브 등 여러 자회사를 운영 중이에요.

- 로슈(Roche) : 스위스에 본사를 둔 제약업체로 종양 치료제 분야에서 세계적인 리더예요. 의약품 및 진단 기기 분야의 글로벌 경쟁력을 보유하고 있는 스위스 가족 기업이에요.

- 피아트(Fiat) : 페라리, 마세라티, 크라이슬러, 알파로메오, 란치아 등 계열사를 거느린 이탈리아 최대의 자동차 기업이에요. 1899년 이탈리아 토리노에서 설

립된 가족 기업으로, 2021년 프랑스 PSA그룹에 합병되었어요.
- 이케아(Ikea) : 스웨덴의 가족 기업인 이케아는 스칸디나비아 특유의 디자인과 저렴한 가격으로 직접 조립할 수 있는 DIY(가정용품의 제작·수리·장식을 직접 하는 것. 네 자신이 직접 만들라는 뜻의 Do-It-Yourself의 약어) 가구 매장을 전 세계에 운영하고 있어요.
- 페레로(Ferrero) : 이탈리아 북부의 작은 마을에 있는 페레로 가문의 가족 기업이에요. 개암나무 열매와 코코아를 발라 먹기 편한 스프레드 형태의 잼으로 만든 '누텔라'로 크게 성공하여 페레로 로셰, 킨더, 틱탁, 라파엘로 등의 브랜드를 보유한 세계적인 초콜릿 기업이에요.
- 셸(Shell) : 세계에서 두 번째로 큰 석유 회사로, 네덜란드와 영국의 합작 회사예요. 네덜란드의 석유회사 로열 더치 사(Royal Dutch Petroleum Company)와 영국의 운송무역회사인 셸이 1907년 합병하여 탄생했어요. 창업자인 네덜란드와 영국의 가족들이 경영하는 가족 기업이자 다국적 기업이에요.
- 월마트(Walmart) : 1960년대에 샘 월튼이 잡화점으로 시작한 세계 최대의 할인매장이자 유통업체예요. 5대째 CEO 승계가 이루어지고 있고 창업을 한 가문이 현재까지도 기업을 지배하고 있는 가족 기업이에요.

개인회사와 주식회사는 어떻게 다를까?

회사를 뜻하는 영어 컴퍼니(Company)는 '함께'라는 의미의 라틴어 'com'과 빵이라는 의미의 'panis'가 합쳐진 단어로, '함께 빵을 나누는 사람'이라는 뜻이에요. 어원에서도 알 수 있듯이, 회사는 오래전부터 한두 사람이 같이 일하면서 생겨나기 시작해서 여러 형태로 발전하기 시작했어요. 회사의 종류에는 여러 가지가 있지만, 여기에서는 개인회사와 법인회사, 법인회사 중에서도 가장 많은 주식회사에 대해 알아봐요.

개인회사 또는 개인 사업자는 사업의 주체가 개인이에요. 회사의 자본과 소유권을 한 사람 또는 몇 명의 대표가 전부 소유한 회사지요. 개인 사업자는 개인과 똑같이 취급해서 개인 사업자가 소득이 발생하면 사장의 소득이 되고 회사 빚을 갚아야 하면 사장이 모든 책임을 져야 해요. 한편, 법인 사업자는 회사를 운영하는 주체가 회사를 구성하는 개인이 아니라 법인이에요. 법인은 기업이나 학교처럼 자연인이 아니면서 법률상 권리나 의무의 주체가 될 수 있는 단체나 재산, 법적인 독립체를 말해요. 도대체 법인은 뭐고, 개인은 뭔지 너무 어렵지요? 개인

사업자 손재주 씨가 만든 개인회사 '재주사'와 법인 사업자인 주식회사 '(주)재주'를 예로 설명해 볼게요.

개인회사 재주사는 곧 회사의 사장인 손재주 씨와 동격이에요. 물건을 팔거나 사는 주체는 손재주 씨이고 통장은 손재주 씨 개인의 것이에요. 회사 통장에 있는 돈은 손재주 씨의 돈으로 마음대로 꺼내 쓸 수도 있고 회사의 경비도 거기서 지출하고, 연말에 세금을 낼 때도 회사가 번 돈을 모두 손재주 씨의 수입이라고 간주해서 손재주 씨가 내야 해요. 재주사라는 회사는 손재주 씨 개인과 같이 취급하므로 재주사가 사업을 잘해서 사업에 대한 세금을 내야 할 때 일반 개인에게 부과하는 소득세와 같은 기준을 적용해요. 일반 개인이나 월급 생활자와 개인 사업자가 다른 것은 손재주 씨가 사용한 금액 중에 사업을 위해 사용한 금액을 비용으로 인정받을 수 있다는 점이지요. 또한 회사 사업이 어려워져 빚을 지게 된다면 그 빚은 모두 손재주 씨가 갚아야 하고 개인의 돈으로만 회사를 운영해야 한다는 한계가 있지요.

법인 사업자는 개인의 무한책임과 자금 조달의 한계를 극복하기 위해 생겨났어요. 법인, 즉 법적인 인격체를 창조해 낸 거예요. 법인이 회사의 주체가 되고 그 회사를 구성하는 구성원은 규칙에 정해진 만큼만 책임을 지면 돼요. 누가 법인이라는 걸 만들었는지, 정말 천재적이지요?

손재주 씨는 회사를 더 확대하기 위해 개인회사 재주사를 법인 사업자인 주식회사 (주)재주로 전환하기로 했어요. 손재주 씨와 왕세련 씨는 자본금을 각각 700만 원, 300만 원씩 내어서 주식을 7:3으로 나누어 가졌어요. 손재주 씨는 왕세련 씨의 돈 300만 원을 추가해서 혼자 할 때보다 더 큰 사업을 할 수 있게 되었고, 나중에 다른 사람의 투자를 받는다면 더 많은 돈을 사업에 활용할 수 있게 되는 거지요. (주)재주는 법인체이기 때문에 회사에서 번 돈은 회사에 쌓이게 되고 회사는 법인세라는 세금을 내요. 손재주 씨를 포함한 직원들은 정해진 급여를 받게 되고, 주주인 손재주 씨와 왕세련 씨는 급여 외에 주주들에게만 나누어 주는 배당금을 받을 수 있어요. (주)재주가 사업이 어려워져 빚을 갚아야 할 경우 그 책임은 (주)재주가 지게 되어 있으므로 손재주 씨와 왕세련 씨는 납입한 자본금 이외에 다른 책임을 지지 않아도 돼요.

이렇게 보면 법인 사업자가 무조건 좋은 것 같지만 꼭 그렇지는 않아요. (주)재주에서 번 돈은 법인의 것이므로 아무리 대주주인 손재주 씨라

개인과 법인의 세금 차이

개인과 법인은 모두 부가가치세, 취득세, 등록세, 소득세 등 네 가지의 세금을 내는데 그중 부가가치세와 취득세, 등록세는 동일하고 소득에 대한 세금은 다르다. 소득세는 개인 사업자와 개인이 동일하게 적용되는데, 누진세가 적용되어 소득이 많을수록 더 많은 세금을 내게 된다. 예를 들어, 한 해 소득이 1400만 원 이하라면 6퍼센트를, 소득이 1400만 원을 초과하면서 5000만 원 이하라면 15퍼센트를 소득세로 낸다. 소득이 10억 원을 초과하면 무려 45퍼센트를 소득세로 내야 하는데 소득세는 소득에 따라 총 8단계로 나뉜다.

주식회사 같은 법인은 법인세를 내야 하는데, 연소득이 2억 원 이하일 경우 9퍼센트, 2억 원을 초과하면서 200억 원 이하라면 19퍼센트를 법인세로 내야 하고, 3천억 원을 초과하면 24퍼센트를 내야 하는데 총 4단계로 나뉜다. 법인회사는 경비를 제외한 법인의 소득에 대해 법인세를 내는데, 이때 직원에게 제공한 급여는 비용으로 인정하여 수입에서 제외되며, 직원들은 받은 급여에 대해 소득 기준으로 소득세를 납부한다.

도 회삿돈을 마음대로 가져갈 수 없어요. 회사와 개인 간의 계약에 의해 급여나 성과급, 배당금만 가져갈 수 있어요. 회사와 대주주와의 금전 관계는 엄격하게 감시되고 있어서, 회사를 운영하는 많은 사람들이 회삿돈과 개인 돈을 착각해서 벌금이나 법적인 책임을 물게 되는 경우가 있어요.

급여와 배당의 차이

급여는 직원이 회사에서 일한 대가로 받는 보상으로, 월급이나 주급 또는 일당의 형태로 지급되고 지급된 전체 금액에 대해 직원은 소득세를 납부하게 된다. 회사의 주주는 급여 외에 회사에서 연말에 모든 비용을 정산하고 남은 이익에 대해 일정 부분 이익을 분배할 수 있는데, 이것을 배당금이라고 하고 여기에는 배당 소득세를 납부하게 된다. 예를 들어, 회사의 주식을 가진 주주이자 직원인 A와 주주가 아닌 직원 B가 있다면, A와 B는 각각 회사와 계약한 대로 급여를 가져간다. 그리고 연말에 회사가 배당을 하기로 결정하면, A는 급여와 별도로 지분율에 따라 배당금을 받을 수 있지만, 주주가 아닌 직원 B는 배당금을 받지 못한다.

그렇기 때문에 회사의 재정 상태가 엄격하게 관리되는 법인 사업자를 사람들은 개인 사업자보다 더 신뢰하고 믿고 거래하지요. 또한 회사가 성장해서 더 많은 자금을 투명하게 모으려면 법인 사업자 형태가 되는 것이 바람직해요.

Chapter 3
기업의 두 얼굴

식민지 제국의 앞잡이, 동인도 회사

기업은 많은 돈으로 큰 사업을 하면서 더 많은 일자리를 만들어 사람들에게 삶의 터전이 되었어요. 그러나 기업이 큰 힘을 가지게 되면서 국가와 사회에 기여한 부분도 많지만, 기업의 이름으로 노동자를 착취하고 억압한 사례도 많아요.

1602년 설립된 최초의 주식회사인 네덜란드의 동인도 회사와 그보다 앞서 1600년에 만들어진 영국의 동인도 회사는 모두 신대륙을 개척하고 더 많은 보물과 자원을 가져오기 위해 설립되었어요. 본국에서는 구하기 어려운 물건들을 신대륙에서 값싸게 가져올 수 있게 되자 네덜란드와 영국의 동인도 회사와 같은 회사들은 원하는 물건을 생산하도록 식민지 원주민을 동원해서 더 많은 일을 시키기 시작했지요.

영국의 동인도 회사는 대영제국이 영토를 확대하고 식민지를 넓혀 감에 따라 인도, 동남아시아, 중국 등 여러 나라에서 대규모 농장을 운영했어요. 주로 면화, 차, 인삼, 고무 등을 재배했는데, 그중 가장 대규모로 재배한 차와 홍차는 영국 내에 소비뿐만 아니라 다른 나라들에게 비싼 값에 판매하면서 대영제국에 막대한 이익을 가져다주었어요. 이와 같이 원주

식민지의 대규모 농장, 플랜테이션(Plantation)

플랜테이션은 서양의 강대국들이 동남아시아, 아프리카, 라틴아메리카 등의 식민지에서 값싼 노동력을 이용하여 커피, 차, 카카오, 담배, 고무, 향신료, 화훼, 과일 등의 농작물을 대량으로 생산하던 경영 형태로, 식민지 착취의 대표적인 생산 모델이다.

민의 값싼 노동력으로 특정 농작물을 대규모로 재배하는 기업적 농업을 플랜테이션이라고 해요.

당시 영국의 식민지였던 미국에 차를 판매했던 회사도 바로 영국의 동인도 회사였어요. 1773년, 영국이 차에 세금을 너무 많이 붙여 비싸게 파는 데 불만을 품은 미국 상인들이 인디언으로 분장하고 수천 개의 차 상자를 보스턴 항구에 버리는 시위가 발생했어요. 미국의 독립전쟁을 촉발한 보스턴 차 사건인데, 이 사건의 중심에도 바로 동인도 회사가 있었지요.

원주민을 착취하고 더 값싸게 많은 작물을 생산하기 위해 아프리카의 흑인을 노예로 끌고 와 노예제를 운영하고 노예를 사고팔았던 행위도 바로 제국주의의 앞잡이였던 동인도 회사와 같은 회사들이 맡아서 했어요. 1908년 일본이 한국의 경제를 독점하고 토지 및 자원을 수탈하기 위하여 설립한 일본의 국책 기업인 동양척식 주식회사도 동인도 회사를 모방해서 만든 것으로, 식민지 착취가 그 목적이에요. 이들은 회사의 탈을 쓰고 있었지만 식민지 자원을 수탈하고 토지나 임야를 싼값에 매입해서 철도나 공장 등을 짓는 일을 앞장서서 했던 식민지 개척의 앞잡이였지요.

새로운 시대를 열었던 기업들과
그로 인한 부작용

　　　　　　　　　　　　　　18세기 영국에서 시작된 1차 산업혁명은 이전에 없던 많은 새로운 산업을 만들어 냈고, 많은 새로운 기업들이 태어나 중요한 역할들을 했어요. 1829년 영국에서는 역사상 최초의 기관차 경주가 있었어요. 영국 랭커스터 지역의 레인힐에 설치된 2.8킬로미터의 철로를 10번 달리는 경주인데, 여기에서 유일하게 완주하며 승리한 기관차가 스티븐슨의 로켓호였어요.

　조지 스티븐슨과 그의 아들 로버트 스티븐슨이 만든 로켓호는 세계 최초로 승객을 실어 나른 증기 기관차가 되었어요. 이 기관차를 채택해서 리버풀과 맨체스터 구간에 철도 사업을 운영한 회사가 리버풀 맨체스터 철도 회사예요. 이를 기점으로 영국 전역에 철도가 운영되기 시작했고 물건과 사람들의 왕래가 활발해지면서 사람들의 생활이 완전히 달라지게 되었지요. 이후 유럽 다른 나라와 미국으로 철도가 빠르게 보급되었고 산업화가 진행되었어요.

　급격한 산업화로 공장을 운영하고 사업을 하는 자본가들은 많은 돈을 벌었어요. 공장 노동자가 필요하게 되자 시골의 농어민들은 돈을 벌기 위

런던의 안개, 스모그

스모그(Smog)는 스모크(Smoke, 연기)와 포그(Fog, 안개)의 합성어로, 안개로 유명한 영국 런던에서 유난히 추웠던 겨울날에 발전소, 공장, 자동차 및 가정에서 뿜어져 나오는 배기가스와 안개가 섞여 며칠씩 앞을 볼 수 없었던 현상을 가리킨다. 1909년 가을, 글래스고와 에든버러에서 스모그로 인해 1천 명 이상의 사상자가 생겼던 사건 이후, 스모그라는 말이 널리 퍼졌다. 스모그는 최근에도 발생하고 있으며 베이징에서는 2023년에 겨우 50미터 앞도 보이지 않을 정도의 심각한 스모그가 발생하여 고속도로를 폐쇄하기도 했다.

해 공장으로 몰려들었는데, 더 많은 돈을 벌고 싶어 하는 자본가들은 노동자들, 특히 임금이 싼 어린아이에게 하루에 14시간 이상이나 일을 시켰어요. 음식이나 거주 환경도 나빴고, 숨도 쉬기 어려운 스모그로 가득 찬 공장에서 일해야 했으며 안전이나 위생 수준은 형편없었어요.

자본가는 더 많은 돈을 벌고 노동자는 겨우 생계를 유지할 정도만 대우해 주면서 빈부 격차는 더 커졌고, 이로 인한 사회 불만도 커졌어요. 공장에서 산업 폐기물이나 배기가스 등을 마음대로 배출해 환경을 파괴했던 것도 모두 기업을 운영하는 자본가들의 욕심과 무지로 인한 부작용이에요.

2차 산업혁명의 한 페이지를 장식하는 회사는 미국의 포드와 제너럴 일렉트릭이에요. 포드는 포드 시스템이라는 세계 최초의 대량생산 시스템으로 모델 T라는 자동차를 만들어 일반 대중들도 자동차를 탈 수 있는 시대를 열었지요. 최초의 백열전구를 만든 발명왕 에디슨이 설립한 제너럴 일렉트릭은 전구는 물론 전기 발전과 송배전 시스템까지 갖추

어 인류가 더 이상 호롱불에 의지하지 않아도 되는 세상을 만들었어요.

그런데 이렇게 우리의 삶을 바꾸어 놓은 2차 산업혁명에도 어두운 그림자는 있어요. 신호 체계와 보행자 안전에 대한 관리 시스템이 준비되기도 전에 빠른 속도로 자동차가 시내를 달리기 시작하면서 교통사고와 대기 오염, 소음 등의 문제가 발생하기 시작한 거예요. 교통이 발달하고 산업화가 가속화되면서 더 많은 사람들이 도시에 몰려와 살게 되었는데, 이로 인해 도시 노동자들이 나쁜 주거 환경으로 내몰렸고 질병에 시달렸으며 인권 문제도 대두되기 시작했어요.

한편, 자동차의 보급과 함께 석유는 엄청나게 부가가치 있는 사업이 되었어요. 1870년 스탠더드 오일을 창립한 미국의 석유왕 록펠러는 석유 사업으로 많은 재산을 모아 역대 세계 최고의 부자로 손꼽히는 인물이 되었어요. 록펠러의 스탠더드 오일은 경쟁사를 방해하고 사업을 확장하기 위해 불법과 편법을 서슴지 않았어요. 록펠러는 미국의 석유 산업을 지배하고 석유왕이라는 별명까지 얻게 되었지만 많은 사람들의 비난을 받았지요. 그는 말년에 이르러서야 많은 기부를 하면서 오명을 씻으려고 노력했어요.

전쟁의 폐허에서 자라난 기업들

 제1차 세계대전의 폐허 속에 독일 지도자가 된 히틀러가 자동차 공학자인 포르셰 박사에게 지시했어요.

"겨울에도 얼지 않고 시속 100킬로미터로 달릴 수 있는 1천 마르크짜리 자동차를 만들어 주시오!"

이렇게 1937년 딱정벌레를 뜻하는 독일의 국민 자동차 비틀(Beetle)이 만들어졌어요. 이 자동차는 전 세계적으로 수백만 대가 생산되어 널리 사랑받았어요. 이 차를 생산한 회사 이름도 독일어로 국민차를 뜻하는 폴크스바겐(Volkswagen)이에요.

폴크스바겐처럼 전쟁을 기회로 삼아 태어나고 성장한 기업들이 많이 있어요. 전쟁은 비상 상황이에요. 전쟁 때에는 가격을 묻지 않고 빨리 개발하기 위해 정부에서 지원을 아끼지 않아요. 전쟁에서 승리하는 것이 가장 중요하니까요.

독일의 BMW는 항공기 엔진 제조회사이고 메르세데스-벤츠는 최초의 자동차 제조회사예요. 독일 전투기의 엔진을 생산했던 BMW는 독일 패망 후에 항공기 엔진 생산이 금지되자 자동차 회사로 변신해서 지금도 사

랑받는 세계적인 자동차 회사가 되었어요. 메르세데스-벤츠는 전쟁 때 군용 트럭과 항공기 등을 생산했는데, 전쟁 이후에는 자동차 생산에 전념해서 세계 최고의 자동차를 생산하고 있어요. 모두 전쟁 물자를 생산하면서 갈고닦은 실력으로 세계 최고의 자동차를 만들게 된 거지요.

철강회사인 크루프는 군수품, 대포 등의 무기를 생산했고, 라인메탈은 탱크, 장갑차, 총기류 등을 생산하는 대표적인 군수회사예요. 지금도 세계 최고의 기술을 가진 기업 중에 독일 기업들이 많은 이유는 전쟁이라는 특수한 환경에서 정부의 막대한 지원으로 기술력을 높이고 최고의 제품을 만들어 낼 수 있었기 때문이에요.

일본에도 제2차 세계대전을 발판 삼아 성장한 기업들이 많아요. 미쓰비시 그룹과 가와사키 중공업은 일본이 전쟁에서 승리할 수 있도록 무제한으로 항공기, 잠수함, 군함 등을 생산했어요. 전쟁에서 승리하기 위해 일본은 더 빠르고 가벼운 항공기가 필요했는데, 일본의 우수한 엔지니어들은 최고의 항공기를 만들어 냈지요. 전자 제품 제조 회사로 유명한 소니는 전쟁 때 레이더 제작을 통해 기술력을 쌓았어요.

전쟁이 끝난 후에 일본은 패망했지만 회사와 엔지니어들은 남아서 최고의 기술력을 바탕으로 산업 경쟁력을 이어 갔어요. 소니는 미국에서 발명한 트랜지스터 기술을 도입해서 세계 최초로 트랜지스터라디오를 만들어 세계적인 전자 회사로 성장할 수 있었어요. 일본이 제2차 세계대전으로 패망한 후, 겨우 10년 만에 세계 최초의 고속철도 신칸센을 만들 수 있었던 것도 세계 최고 수준의 항공기 엔지니어들이 있었기 때문이에요. 신칸센에는 항공기 설계 기술이 많이 들어가 있기도 해요.

전쟁으로 태어난 기술들

폴크스바겐 자동차 외에도 전쟁이라는 특수 상황에서 태어난 많은 제품과 기술들이 전쟁이 끝난 뒤에는 우리의 삶을 윤택하게 하는 경우가 있어요. 전쟁으로 태어난 여러 가지 기술들을 한번 살펴볼까요.

- 통조림과 레토르트 식품 : 나폴레옹은 전쟁에서 음식을 오래 보관하는 방법에 현상금을 걸었는데, 제과 기술자인 니콜라 아페르가 유리병에 음식을 넣어 끓인 후 밀봉하는 병조림 기술을 개발했어요. 나중에 병 대신 깡통을 사용하게 되어 지금의 통조림으로 발전했어요. 1950년대 후반 미국 육군은 군용 식량과 우주 식량으로 레토르트 식품을 연구했어요. 조리한 식품을 알루미늄 따위로 만든 주머니에 넣어 밀봉한 후에 가열 살균한 레토르트 식품은 병조림이나 통조림보다 가볍고 작은 부피로 전투 식량을 보관할 수 있는 방법이에요.
- 손목시계 : 손목시계는 제1차 세계대전 때 포격 지원이 언제 시작하고 끝나서 진격할 수 있는지 정확한 시간을 전투 현장에서 파악하기 위해 개발되었어요. 처음에는 장교들만 사용할 수 있는 귀한 물건이었으나, 나중에 태엽이 아닌 수정 진동자(쿼츠)를 이용하여 전지로 작동하는 쿼츠 시계가 개발되면서 가격이 저렴해지고 널리 사용되게 되었답니다.

- 트랜지스터 : 트랜지스터(Transistor)는 전기 신호를 강하게 또는 약하게 조절하는 반도체 소자로, 전자산업에 없어서는 안 되는 부품이에요. 1947년 미국 벨 연구소의 월터 브래튼, 윌리엄 쇼클리, 존 바딘이 발명했지요. 2차 세계대전 중 레이더용 전자 증폭기의 사이즈를 줄이기 위해 진공관을 대체하는 연구가 활발했는데 벨 연구소에서 최초의 트랜지스터를 개발한 거예요. 트랜지스터를 이용해 미국의 AT&T(에이티앤드티)사가 최초의 트랜지스터라디오를 판매하자 일본의 도쿄 통신공업이 모방하여 트랜지스터라디오를 만들어 팔기 시작했어요. 트랜지스터의 잠재력을 꿰뚫어 본 도쿄 통신공업은 AT&T에 기술 사용료를 내고 특허를 샀고, 나중에 트랜지스터라디오가 미국 시장에서 크게 성공하자 회사 이름을 아예 소니로 바꾸었어요.
- 컴퓨터 : 제2차 세계대전 중 영국은 독일군의 암호를 빨리 해독하기 위해 암호 해독기 에니그마(Enigma)를 개발했어요. 독일어로 수수께끼라는 뜻인데, 이 암호 해독기가 나중에 컴퓨터로 발전되었답니다.
- 전자레인지 : 1945년 미국의 레이더 제작 업체인 레이시온 사에서 일하던 퍼시 스펜서는 레이더 장비의 핵심 부품인 마그네트론에 대해 연구하던 중 간식으로 먹으려고 옆에 두었던 초콜릿이 녹은 걸 발견했어요. 이것이 마그네트론 때문이 아닐까 생각한 그는 다른 음식 재료를 가져와 실험을 해 보았는데, 옥수수 낟알이 팝콘이 되는 것을 확인하고 조리용 기기로 개발했어요. 전자레인지는 처음에는 레이더 레인지로 불리다가 나중에 전자레인지로 불리게 되었어요.
- 테플론 : 미국은 제2차 세계대전 중 원자 폭탄을 개발했는데, 그 연료인

플루토늄을 정제할 때 작은 먼지까지 막는 밀폐제가 필요했어요. 미국의 화학기업 듀폰은 폴리테트라플루오로에틸렌이란 물질을 찾아냈고 테플론(Teflon)이라는 상품명을 붙였어요. 전쟁 이후 프랑스의 한 기업이 테플론을 알루미늄 팬에 코팅하여 음식물이 잘 눌러 붙지 않는 코팅 프라이팬을 만들었는데, 테팔이라는 상표로 유명한 프라이팬이에요.

- 고어텍스 : 미국인 밥 고어는 테플론을 가열하고 늘리면 작은 미세 기공이 많이 생긴다는 사실을 발견했어요. 그는 수증기는 통과하고 물과 바람은 막아 줄 수 있는 고어텍스(Goretex)를 개발해 특허를 출원했고, 고어텍스는 등산복 등 아웃도어 제품에 필수적인 소재가 되었어요.

- 인터넷 : 냉전 시대 미국은 소련과 경쟁하면서 전쟁이 일어나도 통신이 끊기지 않는 안전한 방법을 찾고 있었어요. 그래서 아르파넷(ARPAnet)이라는 시스템을 만들었는데, 이게 바로 인터넷의 시작이에요. 미국은 핵 공격으로 한 곳의 컴퓨터가 파괴되어도 멀리 떨어진 곳에 있는 여러 대의 컴퓨터를 연결해서 사용할 수 있도록 하기 위해 아르파넷을 개발했고 이것이 오늘날 인터넷으로 발전했어요.

- GPS : 1957년 소련이 세계 최초로 인공위성 스푸트니크를 발사하자 미국은 충격에 휩싸였어요. 미국은 러시아 우주선의 위치를 알아내기 위해 우주선에서 나오는 라디오 신호를 활용하는 방법을 생각해 냈고, 이는 1970년대에 인공위성을 이용해 자신의 위치를 정확히 알아내는 시스템인 GPS(Global Positioning System)으로 발전했어요.

- 볼펜 : 제1차 세계대전 중 헝가리의 신문 기자 비로 라슬로는 빠르게 기사를 작성하기 위해 잉크를 채우는 만년필 대신 펜 끝에 작은 구멍을 내

고 그 안에 잉크를 넣은 볼펜을 개발했고, 1938년 특허를 출원했어요. 제2차 세계대전 중 미국과 영국 등 연합군은 볼펜을 대량 구매했고, 전쟁이 끝난 후 전쟁에서 돌아온 군인들이 사용하면서 볼펜은 널리 퍼졌어요.

- 선글라스 : 강한 햇빛으로 인한 두통을 호소하던 미국 공군 조종사를 위해 1930년대 후반, 렌즈 생산업체인 바슈롬 사에서 최초의 선글라스를 개발했어요. 레이밴(Ray-Ban)이라는 브랜드로 알려지기 시작한 선글라스는 이젠 없어서는 안 되는 패션 아이템이 되었어요.

- 트렌치코트 : 1856년 영국 햄프셔에서 양복점을 경영하던 토머스 버버리는 비가 많이 내리는 영국 날씨에 적합한 옷감을 찾다가 개버딘 천을 소재로 한 방수용 코트를 개발했어요. 제1차 세계대전 때 빗속에서 참호(Trench 트렌치) 구덩이 속에 몸을 숨기고 전투를 하던 영국군은 버버리의 이 방수용 코트를 군복으로 채택했어요. 전쟁이 끝난 후 군수물자였던 트렌치코트는 일반인에게도 유행하게 되었어요.

- 노이즈 캔슬링 헤드폰 : 노이즈 캔슬링(Noise Canceling)은 주변 소음을 차단 또는 상쇄시켜 잡음 없이 소리를 잘 들리도록 도와주는 기술로 1930년대에 처음 개발되었어요. 본격적으로 노이즈 캔슬링 기술이 적용된 헤드폰은 1978년 미국의 보스(BOSE) 사에서 개발했는데, 엄청난 소음에 시달리던 전투기 조종사와 우주인들에게 매우 유용했답니다.

- 정로환 : 러일전쟁이 한창이던 1905년, 일본은 병사들이 만주에서 나쁜 수질로 죽어 나가자 배탈 설사를 멈출 약을 제공해 달라고 제약회사에 명령했어요. 이때 다이코 신약이 개발한 이 약이 '러시아를 정복하는 환약'이라는 의미의 정로환이에요.

세상을 주무르는 실질적인 힘, 글로벌 기업

스타벅스 커피 한 잔에 맥도널드 햄버거를 입에 물고 테슬라 차를 타고 출근한 미국의 직장인이 구글로 검색한 나이키 운동화를 아마존으로 배송받아요. 그리고 애플 휴대폰으로 친구에게 전화를 걸어 말해요.

"이따가 던킨도넛에서 만날까?"

아마 많은 미국인들의 하루는 이와 크게 다르지 않을 거예요. 우리나라는 어떨까요? 기업 이름만 바꾸면 비슷할 거예요. 물론 우리나라에도 커피 브랜드가 있고, 햄버거, 운동화, 자동차, 휴대폰, 검색 엔진, 인터넷 쇼핑 등이 있지만 지구 전체를 보면 앞에서 언급한 글로벌 업체들의 점유율이 더 높은 경우가 많아요.

스타벅스나 맥도널드, 구글, 아마존 등은 모두 **글로벌 기업**의 이름이에요. **전 세계를 대상으로 사업을 하고 있는 거대 기업들**이지요. 이들 글로벌 기업들은 각자의 분야에서 끊임없는 혁신을 통해 세계적인 경쟁력을 가지고 전 세계에 제품과 서비스를 제공해요. 이들 글로벌 기업을 통해서 사람들은 다양한 서비스를 좋은 가격에 제공받아 더 나은 삶을 누리게 되었어요.

하지만 이들 글로벌 기업에는 이와 같은 긍정적인 면도 있지만 부정적인 면도 있어요. 구글은 전 세계에서 가장 많은 사람들이 사용하는 검색 엔진이에요. 검색 엔진 외에도 지도와 동영상, 번역, 메일, 일정, 사진첩 등 다양한 서비스를 제공해요. 사람들이 구글만 가지고도 생활하는 데 부족하지 않도록 계속 서비스를 확대하고 있어서 사용자가 점점 늘어나고 있어요.

이렇게 편하고 많은 서비스를 제공해서 사람들에게 도움이 되는 플랫폼이지만, 구글은 사람들이 검색하면서 입력한 개인 정보를 차곡차곡 모으고 있고 그 데이터를 비즈니스에 활용해요. 물론 이것이 나쁜 측면만 있는 것은 아니지만, 나도 모르게 나의 정보가 마케팅에 사용되고 있어요. 내가 내 정보를 입력한다고 해서 구글이 내게 돈을 주지 않지만, 그렇게 모은 정보를 이용해 구글은 엄청난 돈을 벌고 있는 거예요. 또한 내가 검색하거나 입력한 정보를 토대로 알고리즘이 원하지 않는 정보를 제공하거나 과다한 광고를 하기도 해요. 뭔가를 검색할 때 가장 정확한 정보를 제공하는 것이 아니라 광고비를 가장 많이 낸 순서대로 제공하는 경우도 있어요. 사람들이 정확한 정보인 줄 알고 클릭하면 구글은 클릭하는 횟수대로 돈을 버는 거지요. 구글뿐만 아니라 대부분의 검색 엔진이나 검색 포털들은 비슷한 방법으로 우리 정보를 우리가 모르는 사이에 자신들의 돈벌이에 이용하고 있어요.

애플은 전 세계에서 가장 많은 마니아를 거느리고 있는 휴대폰 제조업체예요. 삼성전자와 판매 대수에서는 경쟁을 하고 있지만, 충성 고객이나

"이건 어때요?" 추천 알고리즘과 빅데이터 마케팅

유튜브의 추천 알고리즘은 사용자의 시청 기록과 검색 기록 등을 분석하여 사용자에게 적절한 영상을 추천한다. 알고리즘(Algorithm)은 원래 문제를 해결하기 위한 절차나 방법을 의미하는데, 요즘은 수집한 데이터를 기반으로 개인별 맞춤 콘텐츠를 제공하고, 구매 가능성이 높은 고객에게 집중적으로 홍보하고 맞춤형 혜택 등을 제공하는 분석 체계를 가리키는 말로 널리 쓰인다. 이러한 유튜브의 알고리즘은 빅데이터 기술을 기반으로 이루어진다. 빅데이터(Big data)란 디지털 환경에서 생성되는 문자와 영상 데이터 등을 포함하는 대규모 데이터를 말하는데, 사용자는 마우스 클릭 한 번에 자신의 인적 사항을 포함하여 어떤 음식을 좋아하고 무슨 옷에 관심이 있는지 등등 수많은 디지털 흔적을 남기고 이 모든 것은 데이터화되어 축적된다. 기업은 이 빅데이터를 마케팅에 활용한다. 빅데이터 마케팅은 소비자의 성별, 나이, 취향, 지역 등 다양한 데이터를 수집해 제품 판매에 이용하는 것인데, 오늘날 많은 기업들이 소비자의 기호, 관심사, 행동, 구매 의향 등 많은 데이터를 분석하여 매출을 증가시키고 있다.

영업이익 측면에서는 압도적인 글로벌 1위 업체예요. 그 비결은 애플이 아이폰, 아이패드, 맥, 애플워치, 에어팟 등 하드웨어와 액세서리를 모두 생산하고 그것들을 모두 통일된 운영 체제(OS)로 연결했기 때문이지요. 애플뮤직이나 애플티브이, 아이클라우드 등의 서비스를 애플 기기를 통해 편리하게 사용할 수 있는 생태계를 만들어 놓은 거예요.

 이런 생태계에 한번 들어온 고객들은 그 편리함에 익숙해진 데다 다른 플랫폼으로 옮길 때 귀찮고 손해가 너무 크기 때문에 웬만해서는 떠나기 어려워요. 애플은 이러한 장점을 잘 알고 사업에 이용하고 있어요. 먼저 애플 기기들은 다른 기기들보다 가격이 많이 비싸요. 물론 성능이 뛰어나다고 말할 수도 있지만 성능보다는 애플 생태계를 만들어 충성도 높은 고객들이 가격이 비싸도 계속 구매하게 만드는 전략 때문이지요. 애플에서 사용되는 앱을 출시할 때 애플에서 30퍼센트나 되는 높은 수수료를 가져가요. 안드로이드와 같은 플랫폼도 30퍼센트의 수수료를 가져가지만 애플은 통화 및 결제 방식 등에서 자신들에게 유리한 정책을 적용해서 같은 앱이라도 애플에서는 더 비싼 경우가 많아요. 결국 한 번 애플 생태계에 들어온 소비자들은 더 좋은 서비스를 누리지만 그만큼 더 많은 비용을 지불해야 하고 애플은 이것을 이용해서 엄청난 돈을 벌고 있는 거예요.

지금은 엑스로 이름이 바뀐 트위터를 한번 살펴볼까요. 어느 날, 테슬라의 최고 경영자 일론 머스크는 이런 생각을 했어요.

'트위터를 아예 사 버려서 나의 홍보 수단으로 써 볼까?'

일론 머스크는 전기 자동차 테슬라를 만들어 지난 백여 년 동안 도로를 지배했던 내연기관 자동차를 전기 자동차로 옮겨 가는 혁신을 이루어 냈고 이를 통해 엄청난 돈을 벌었어요.

일론 머스크는 표현의 자유를 보장하겠다고 말하며 트위터를 인수해서 이름도 엑스로 바꾸었어요. 하지만 사실은 자신과 테슬라의 생각을 마음껏 사람들에게 알리고 싶었어요. 그는 평소 트위터를 통해 많은 이야기를

컴퓨터를 움직이는 OS

OS는 오퍼레이팅 시스템(Operating System)의 약자로, 프로세서와 메모리, 저장장치와 입출력 장치 등 컴퓨터의 구성 요소들을 효과적으로 관리하고 운용하여 컴퓨터 전체 시스템이 작동하게 하는 소프트웨어 운영 체제를 말한다. 마이크로소프트는 윈도, 애플은 맥OS라는 독자적인 운영 체제를 가지고 있고, 리눅스라는 누구든지 수정하고 보완할 수 있는 개방형 운영 체제도 있다.

눈에 보이지 않는 디지털 돈, 암호화폐

암호화폐는 인터넷과 디지털 세계에서만 존재하는 가상 화폐로, 중앙은행이나 정부가 발행하는 기존의 화폐와는 달리 사람들끼리 직접 거래할 수 있다. 암호화폐 거래 기록은 블록체인이라는 공개된 장부에 저장되는데, 이 기록은 누구나 볼 수 있고 투명하게 확인할 수 있어서 보안성이 높다. 최초의 암호화폐는 2009년 등장한 비트코인이며, 이후 이더리움, 리플, 도지코인 등 수많은 암호화폐가 생겨났다. 그 중 귀여운 시바견 그림으로 유명한 도지코인은 일론 머스크가 트위터에서 언급하면서 세계적인 관심을 받아 가격이 폭등하기도 했다. 암호화폐는 개인 간 직접 거래, 빠른 송금, 수수료 절감 등의 장점이 있는 미래 기술이지만 가격 변동이 크고 사기나 해킹의 위험도 있어 투자에는 큰 위험이 따른다.

해 왔는데, 하고 싶은 이야기를 더 마음대로 하고 싶었던 거죠. 광고도 자기가 원하는 회사만 받아들이고 말이에요. 하지만 그로 인해 엑스는 많은 사람들이 떠나가고 광고도 많이 줄었다고 해요. 또한 일론 머스크는 자기가 지지하는 암호화폐 중 하나인 도지코인을 트위터를 통해 홍보하고 코인 가격을 요동치게 만들어 많은 사람들의 비난을 받기도 했어요.

구글, 애플, 테슬라, 트위터 말고도 수많은 글로벌 기업들은 사람들에게 커다란 도움을 주고 있어요. 하지만 대기업이라는 독점적인 지위를 이용해서 더 많은 이익을 가져가고 또 그것을 위해 정당한 경쟁을 방해하기도 하고 개인의 정보를 이용하는 부정적인 측면도 있어요.

시장의 거대한 포식자, 프랜차이즈

"엄마, 오늘 점심은 나가서 먹어요! 맥도널드나 피자헛? 나는 맘스터치도 좋은데, 엄마는 KFC가 더 좋죠? 점심 먹고 던킨도넛 몇 개 사 먹고 스타벅스로 갈까요?"

"아니야, 메가커피가 싸니깐 거기로 가자."

아이와 엄마가 점심 메뉴를 이야기하고 있어요. 햄버거, 피자, 커피 등등 모두 유명한 프랜차이즈 이름이 줄줄이 나와요. 프랜차이즈(Franchise)는 특정한 상품이나 서비스를 제공하는 주체가 일정한 자격을 갖춘 사람에게 자기 상품에 대한 영업권을 주어 시장을 개척하는 방식이에요. 우리말로는 가맹업이라고도 하는데, 가맹점은 영업권을 주는 대가로 사용료를 내지요. 우리가 일상생활에서 만나게 되는 국내외 프랜차이즈는 셀 수 없이 많아요.

유명한 햄버거 프랜차이즈 맥도널드는 1940년 미국의 리처드 맥도널드와 모리스 맥도널드 형제가 설립한 회사예요. 기존 햄버거 가게와 다르게 맥도널드는 빵과 고기 패티, 감자튀김을 빠르고 싸게 만들 수 있도록 재료와 공정을 표준화해 싼 가격에 맛있는 햄버거를 팔아서 그 지역에서 아주 유명한 햄버거 가게가 되었어요. 이를 눈여겨본 사업가 레이 크록이 사업권을 인수해 더 많이 표준화하고 새로운 메뉴를 개발해서 오늘날의 세계적인 프랜차이즈 맥도널드를 만들었어요.

국내에도 세계로 뻗어 나가는 프랜차이즈들이 있어요. 눈꽃 빙수로 유명한 설빙은 한국식 디저트 문화를 세계에 널리 알리고 있는 국내 프랜차이즈예요. 설빙의 창업자는 떡 카페를 운영하다 실패한 경험을 교훈 삼아 색다른 디저트로 눈꽃 빙수를 개발했어요. 눈꽃 빙수는 기존의 빙수와 달리 물 대신 우유를 얼려 보송보송한 눈꽃처럼 만들고 팥과 콩가루, 인절미 조각을 얹은 빙수였는데 대성공을 거둬 해외에까지 빙수라는 한국 디저트를 알리고 있지요.

온라인을 통해 숙박 공유 서비스를 제공하는 회사 에어비앤비도 세계적인 프랜차이즈 가운데 하나예요. 미국의 브라이언 체스키와 두 명의 친구는 비싼 호텔 요금을 부담스러워하는 여행자들을 위해 자기 방에 공기를 불어 넣은 에어매트리스를 깔아 빌려주고 간단한 아침 식사도 제공했는데 반응이 좋았어요. 이것을 사업화해서 집을 숙소로 빌려주고 싼값에 식사도 제공하는 숙박 서비스 에어비앤비가 2008년 탄생했어요. 저렴하게 숙소도 이용하고 호텔이 아닌 개인 집에서 묵으면서 주인과 대화도 할 수 있는 장점 때문에 에어비앤비는 인기를 끌고 있지요.

이처럼 다양한 프랜차이즈는 각각의 탄생 이야기가 있고 각자의 장점을 무기로 시장을 장악해서 아예 그 분야의 보통명사가 되는 경우도 많아요. 사람들은 햄버거 하면 맥도널드의 빅맥, 커피 하면 스타벅스나 이디야, 빙수 하면 설빙을 떠올리지요. 이런 프랜차이즈들은 엄청난

자본력을 바탕으로 좋은 위치에 매장을 확보하고 저렴한 가격으로 재료를 구매해서 가격 경쟁력을 높이며 시장을 장악하고 있어요.

프랜차이즈는 많은 장점이 있지만 한번쯤 들여다봐야 할 부분이 있어요. 사람들이 많이 지나다니는 길거리를 떠올려 봐요. 생각나는 가게의 간판이나 거리의 모습이 어떤가요? 웬만한 지하철역 주변에는 다 스타벅스와 맥도널드가 있을 테고 조금이라도 사람이 붐비는 거리는 대부분 온갖 프랜차이즈 간판으로 도배되어 있을 거예요.

프랜차이즈가 좋은 제품과 서비스를 제공하니 사람들이 좋아하고 결과적으로 더 많은 프랜차이즈가 생겨나요. 하지만 이렇게 되면 균일한 품질의 좋은 제품을 생산하지만 사람들이 잘 모르는 중소업체들은 사업하기가 어려워요. 제품의 질이 비슷하거나 낮아도 프랜차이즈에서 엄청난 돈을 들여 광고를 하면 사람들은 그쪽으로만 더 몰리니까요. 중소업체들은 프랜차이즈와 경쟁에서 이겨 더 좋은 제품을 개발해도 서비스할 기회를 가지기 어려워요. 또한 소비자들은 중소업체들이 만드는 다양한 제품을 경험할 기회가 줄어들고 프랜차이즈에서 제공하는 획일화된 제품을 소비할 수밖에 없게 되지요.

그럼에도 불구하고 최근 몇 년 사이, 유명한 프랜차이즈와 경쟁하며 꿋꿋하게 성장해 나가는 동네 빵집들이 있어요. 우수한 제과 제빵 기술로 무장한 이런 동네 빵집들은 다양해진 사람들의 입맛과 고급스러워진 수요를 만족시키면서 유명 프랜차이즈 빵집들 바로 옆에서 당당히 경쟁하고 있어요. 다른 분야에서도 이런 모습을 자주 볼 수 있다면 참 좋겠어요.

욕심의 끝판왕, 재벌

재벌이라는 말은 특히 우리나라와 일본, 중국 등 아시아에서 많이 쓰이는 말이에요. 동아시아의 재벌은 경영권 승계가 대부분 가족 내에서 이루어지고, 서양의 대기업은 가족 간의 경영권 승계가 드물어요. 우리나라는 1945년 광복과 6.25 전쟁 이후 전 세계 역사상 유례가 없는 고도성장을 이루었어요. 그 과정에서 재벌들은 정권과 특수한 관계를 맺기도 했고 정권의 지원으로 성장할 수 있었어요.

한국의 대표적인 재벌 기업 삼성은 1938년 대구에서 시작되었어요. 이병철 회장이 창업한 삼성상회는 6.25 전쟁 이후 제일제당과 제일모직을 설립하여 전쟁 후 필요한 물자를 생산하고 경공업으로 대한민국이 다시 일어서는 데 크게 이바지했어요. 이병철 회장의 아들인 이건희 회장은 고도 성장기에 들어선 1970년대에 앞으로의 미래는 반도체라고 생각해 반도체 산업에 뛰어들려고 했지만 반대에 부딪혔어요.

"쯧쯧! 텔레비전 하나 제대로 못 만들면서 최첨단 반도체를 만들겠다고?"

그는 선대 회장과 경영진의 반대를 무릅쓰고 한국반도체라는 작은 회

사를 인수해서 지금의 삼성반도체로 키웠어요. 대형 컴퓨터용 반도체에 집중하던 일본 기업과 달리 삼성은 앞으로 다가올 개인용 컴퓨터(PC)에 맞는 반도체에 집중한 전략이 적중해서 세계 1위를 차지했고, 지금까지 30년 넘게 메모리 반도체 세계 1위를 지키고 있어요.

　삼성과 더불어 우리나라의 대표적인 재벌 기업인 현대는 1934년 서울에서 정주영 회장이 쌀가게 경일상회로 시작했어요. 현대는 현대자동차와 현대건설을 설립해서, 전쟁 이후 복구 사업에 힘썼고 빠르게 발전하는 우리나라의 자동차 산업과 경부고속도로 건설 등 전후 복구에 크게 이바지했어요. 정주영 회장은 1970년대에 배를 만드는 조선소를 만들기로 맘먹었어요. 당시 국내에는 조선소가 하나도 없고 정주영 회장에게는 돈도, 배를 지어 본 경험도 없었지만, 그는 해외의 투자자에게 500원짜리 지폐의 이순신 장군과 거북선을 보여 주며 우리나라는 옛날부터 이런 철갑선을 만들었다고 말해 투자를 받을 수 있었어요. 그렇게 현대미포조선을 세워 세계 1위의 조선 기업으로 키워 냈어요. 현대자동차는 최근에 전기 자동차 시대에 빠르게 진입해서 2024년 기준 전 세계에서 자동차를 일곱 번째로 많이 판 회사가 되었어요.

　이처럼 재벌 그룹들은 우리나라의 발전에 커다란 공을 세웠지만 개선해야 할 점도 많아요. 재벌은 정권과 결탁해 부당한 특혜를 누리기도 했고, 사업을 독점하거나 문어발식으로 확장하고 계열사에 일감을 몰아 줘서 공정한 경쟁을 방해하기도 했어요. 또한, 계열사 간의 인수 합병을 통해 재벌 가문의 지배율을 높이는 과정에서 부당하게 기업을 평가하는 등 일반 주주의 이익을 해치는 탐욕스러운 모습을 보이기도 했지요.

Chapter 4
기업은 살아 있는 생물

위기에서 기회를 찾아 성공한 기업들

기업도 태어나서 자라고 계속 성장하기도 하고 다치거나 수명을 다해 사망하기도 해요. 마치 살아 있는 생물과 같지요. 1970년대에는 기업의 평균 수명이 30년 정도였는데 요즘은 10년 정도로 줄었다고 해요. 겨우 열 살이 되기도 전에 사라져 버리는 기업이 많다는 거예요. 전쟁 같은 거대한 위기나 사회의 격변이 있을 때 어떤 회사는 위기를 기회로 삼아 크게 성장을 하기도 하고, 어떤 회사는 그런 위기를 잘 극복하지 못하고 무너지기도 하지요. 또 이전의 성공에 안주하다 시기를 놓쳐 사라지거나 큰 위기를 겪기도 해요. 위기에서 기회를 찾아 성공한 기업들을 살펴볼까요.

전 세계에서 매일 10억 잔 이상이 소비되는 콜라는 백 년이 훌쩍 넘는 역사를 지녔어요. 세계 최초의 콜라는 코카콜라예요. 1886년 미국의 약사 존 펨버턴이 코카나무 잎과 열매로 만든 코카콜라는 처음에는 피로를 풀어 주는 자양 강장제로 약국에서 팔았어요. 1919년 에이사 캔들러는 이 코카콜라라는 음료를 제조하고 판매할 권리를 인수해 지금의 독특한 병 모양을 새로 만들고 청량음료로 판매했어요. 사업을 확대하고 있던 캔들러는 제2차 세계대전이라는 역사적인 기회를 맞게 되었어요. 전쟁이 한창이던 1943년 미국 총사령관 아이젠하워 장군이 전 세계 미군에게 코카콜라를 공급해 달라고 요청한 일이지요. 코카콜라는 세계 10개국에 공장을 지어 전 세계에 파견된 미군은 물론 연합군에게 콜라를 공급했어요. 전쟁이 끝난 후 이 맛을 기억하는 사람들이 코카콜라를 찾게 되었고 전쟁이 끝난 후 코카콜라 컴퍼니의 전 세계 매출은 두 배나 증가했어요. 코카콜라는 오늘날까지도 전 세계인의 사랑을 받는 음료로 자리매김하고 있어요.

코카콜라 외에도 전쟁 덕분에 성장한 기업은 또 있어요. 통조림 햄의 대명사 스팸은 제2차 세계대전이 한창이던 1937년 태어났어요. 당시 미군 병사의 90퍼센트 이상에게 돼지고기 넓적다리 살로 만든 햄과 베이컨 통조림을 공급하던 미국의 호멜 푸드는 돼지고기 어깻살을 어떻게 처치할지 골머리를 앓고 있었어요.

"어깻살은 뼈를 발라내기 어렵고 맛이 없어 인기도 없는데… 이걸 어떻게 처치하지?"

호멜 사는 고민 끝에 해결책으로 통조림 햄을 개발해 스팸이라 이름 지었어요. 돼지고기 어깻살을 갈아서 소금과 고기처럼 붉은색을 내는 발색제와 방부제 등 첨가물을 넣은 다음 통조림으로 만든 거예요. 보관과 조리가 편한 스팸은 미군과 연합군 사이에 전투 식량으로 폭발적인 인기를 끌었는데, 제2차 세계대전을 승리로 이끈 일등 공신으로 연합군 병사들에게 단백질 공급을 해 준 스팸을 꼽을 정도였어요.

하지만 전쟁이 끝난 후에 생활 수준이 올라가자 스팸의 인기는 떨어졌

어요. 스팸에 들어 있는 지방, 나트륨, 발색제와 방부제 등의 성분이 건강에 좋지 않다는 사실이 알려진 거예요. 이를 만회하기 위해 호멜 사는 대대적인 광고를 했는데 그것이 지나쳐서 광고 공해라고 비판을 받았어요. 그래서 인터넷에서 무차별로 뿌려지는 불필요한 광고나 메일을 스팸 광고, 스팸 메일이라고 부르게 되었답니다.

전쟁 못지않은 큰 위기가 몇 년 전에도 있었지요. 전 세계를 위기로 몰아넣은 감염병 코로나19의 대유행은 수많은 기업을 어려움으로 몰아넣었지만, 몇몇 기업에는 새로운 성장의 기회가 되었어요. 온라인 화상 회의 플랫폼인 줌(Zoom)이 대표적인 경우예요. 코로나19 팬데믹으로 사람들이 직접 만나 이루어지는 대면 회의 대신 온라인으로 만나는 화상 회의가 인기를 끌었어요. 줌은 급속히 성장하는 비대면 회의 시장을 완전히 장악했어요. 스카이프나 행아웃 등 온라인 화상 회의 프로그램은 코로나19 팬데믹 이전에도 존재했지만, 줌은 기존 서비스의 단점을 개선하고 사용을 더욱 편리하게 해 많은 사람들의 선택을 받았어요. 회원 가입 없이 회의 링크만 공유하면 누구든 참여가 가능하게 했고, 고화질 영상을 끊기지 않도록 서비스를 제공했지요. 또 40분까지는 무료로 사용할 수 있도록 해서 사용자들을 많이 늘렸어요.

그 밖에도 2020년경 코로나19 팬데믹 위기를 기회 삼아 성장한 산업과 기업들이 많아요. 감염병에 걸렸는지 아닌지 스스로 진단할 수 있는 진단 키트 제조업체에는 팬데믹이 오히려 큰 기회였어요. 접촉하지 않고도 열이 나지 않는지 체온을 측정할 수 있는 안면 인식 및 체온 측정 장비업체도 수혜를 입었지요. 감염병이 대유행하자 사람들은 예방을 위해

전 세계적인 감염병의 대유행, 팬데믹

팬데믹(pandemic)은 그리스어로 전체를 뜻하는 '팬(pan)'과 사람을 의미하는 '데모스(demos)'가 합쳐진 말로, 모든 사람이 감염병의 위험에 놓이는 세계적인 대유행 상태를 말한다. 세계보건기구(WHO)의 감염병 경보 단계에서 최고 등급인 6단계가 팬데믹인데, 팬데믹을 선언하려면 감염병이 2개 대륙 이상으로 번져야 한다. 가장 최근에 세계보건기구가 팬데믹을 선언한 것은 2020년 3월 코로나19 대유행 때였다.

타인과의 접촉을 줄이고 외출을 자제할 수밖에 없었어요. 외출과 외식이 자유롭지 않으니 음식 배달업체나 온라인 쇼핑몰 등이 크게 성장할 수 있었지요. 여행객들에게 국내외 숙박 예약 서비스를 제공하는 기업인 야놀자는 팬데믹 기간 동안, 사람들로 붐비는 도시를 떠나고 싶은 사람들에게 안전하고 자연이 가까운 여행지를 안내하면서 오히려 크게 성장할 수 있었다고 해요.

카멜레온처럼 변신에 성공한 기업들

 넷플릭스는 세계 최대의 OTT 기업이에요. OTT는 오버 더 톱(Over The Top)의 약자로, 방송사가 아닌 새로운 사업자가 인터넷으로 드라마나 영화 등 다양한 볼거리를 제공하는 서비스를 말해요. '오버 더 톱'은 셋톱박스를 뛰어넘는다는 뜻인데, 텔레비전에 연결된 셋톱박스를 통해 방송사들이 내보내던 프로그램을 수동적으로 보던 방식을 벗어나 자신이 원하는 걸 직접 골라 볼 수 있는 방식이지요.

OTT 세계 1위 업체인 넷플릭스는 1998년 온라인 DVD 대여점으로 시작했어요. 따로 매장이 있는 게 아니라 홈페이지에서 DVD 대여를 신청하면 영화 DVD를 우편으로 보내 주는 방식이었는데, 아마존에서 책을 인터넷으로 판매하는 걸 보고 영감을 받아 인터넷으로 판매할 수 있는 제품을 찾은 거예요. 그 당시 블록버스터라는 회사가 비디오 대여 사업을 하고 있었는데, 비디오테이프에서 DVD로 넘어가는 걸 보고 1998년 온라인 DVD 대여 사업을 시작했던 거지요. 2005년 300만 명 이상의 가입자를 확보하며 나름 성공하고 있을 때 넷플릭스는 또 새로운 시도를 했어요. 동영상을 실시간으로 재생하는 스트리밍 서비스를 시작한 거예

요. 처음에는 기존 콘텐츠만 스트리밍하다가 2013년부터는 드라마나 영화 제작을 지원해 자체적으로 콘텐츠를 만들기 시작했어요. 그 이후에도 꾸준히 성장해서 이제는 사람들이 텔레비전 정규 방송보다 넷플릭스와 같은 스트리밍 서비스를 더 많이 보게 되었어요.

미국의 IBM도 백여 년이 넘는 기간 동안 지속적인 변신에 성공한 글로벌 기술 혁신 기업이에요. 컴퓨터 산업의 선구자로 손꼽히는 IBM은 천공 카드라는 구멍 뚫린 카드를 만들던 회사에서 출발했어요. 천공 카드는 지폐 크기의 종이 카드에 구멍을 뚫어 여러 가지 디지털 자료를 기록하는 저장 매체예요. 천공 카드의 역사는 미국이 영국으로부터 독립한 때로 거슬러 올라가요.

미국은 독립 후 10년마다 인구 조사를 했는데 기존의 수작업으로는 분석에만 7년이나 걸렸어요. 이 인구 조사 사업에 민간 사업자로 참여한 허먼 홀러리스는 천공 카드를 이용해서 2년 만에 조사 결과 분석을 끝낼 수 있는 태뷸레이터라는 혁신적인 장치를 만들어 냈어요. 주어진 카드에 구멍을 뚫으면 남자, 뚫지 않으면 여자와 같은 방식으로 구분할 수 있는 장치였지요. 이렇게 빠르게 자료를 처리할 수 있는 태뷸레이터는 철도와 전기 등 다양한 산업에 퍼져 나갔어요.

처음에 RMC라는 이름으로 시작한 회사는 나중에 제임스 왓슨을 사장으로 영입하면서 회사 이름도 IBM으로 바꾸고 본격적으로 천공 카드를 이용한 기계식 계산기를 발전시켰어요. 제2차 세계대전 때는 대포의 탄도 계산이나 암호 해독을 위해 빠르게 계산하는 장비가 더욱 필요해졌어요. 1946년 펜실베이니아 대학의 존 모클리와 프레스퍼 에커트가 최초의

진공관식 컴퓨터 에니악(ENIAC)을 개발하는 데 성공한 후, IBM은 최초로 상업용 컴퓨터를 만들어 기업과 연구소에 공급하면서 전 세계 업무용 컴퓨터 시장을 석권했어요.

하지만 1990년도가 되면서 업무용 컴퓨터에서는 일본 기업이 도전해 오고, 빠르게 성장하는 개인용 컴퓨터 시장에는 적응하지 못하면서 IBM은 위기를 맞게 되었어요. 위기의 IBM은 컴퓨터를 전혀 모르는 루이스 거스너를 회장으로 임명했어요.

"코끼리를 춤추게 하라!"

거스너 회장은 탁월한 리더십으로 코끼리 같은 거대 기업 IBM을 가볍게 춤추게 만들었어요. IBM은 회사의 생명과도 같은 컴퓨터 하드웨어를 과감하게 버리고 소프트웨어와 시스템 등 기술 사업에 집중했지요. 변신에 성공한 IBM은 인터넷을 통해 데이터를 저장하고 관리, 처리하는 기술인 클라우드 컴퓨팅 시장에서 살아남기 위해 열심히 노력하고 있어요.

일본의 히타치는 전자 제품, 의료 기기, 반도체, 디스플레이, 컴퓨터 등 하지 않는 사업이 없을 정도로 다양한 사업을 하는 기업이었고 많은 분야에서 세계적인 경쟁력을 가지고 있었어요. 그런데 2000년대에 접어들어 한국이나 중국과의 가격과 투자 경쟁에서 밀리면서 2010년까지 엄청난 적자를 기록하며 위기에 봉착했어요. 결국 히타치는 하드디스크, 화학, 건설 기계 등 핵심 사업이라도 전망이 낮은 사업은 과감하게 매각하고 전력, 정보 시스템 등 새로운 사업을 인수했어요. 변신에 성공한 히타치는 잃어버린 30년이라 불리는 일본의 장기 경제 불황의 늪을 뒤로 하고 새로운 미래를 위한 도약을 준비하고 있어요.

변화의 물결에 적응하지 못한 기업들

1871년 제지회사로 시작한 핀란드의 노키아는 러시아와의 전쟁 때 고무 사업에 눈을 돌렸어요. 고무장화와 전선, 타이어 등을 만들어 성장하다 문어발식 확장으로 1980년대에 파산 위기를 맞았어요. 1992년에 취임한 요르마 올릴라 회장은 불필요한 사업을 모두 매각하고 통신 사업에 집중했어요. 2000년대에 무선통신 시대가 열리면서 노키아는 2011년까지 휴대폰 시장의 세계 1위 업체로 군림했고, 한때 핀란드 GDP(국내총생산)의 25퍼센트를 차지하기도 했어요.

"세계 시장 점유율 40퍼센트! 노키아는 위대하다!"

모든 사람들이 세계 1위 노키아를 우러러보던 2007년, 애플이 세계 최초의 스마트폰인 아이폰을 내놓으면서 상황이 바뀌었어요. 스마트폰이 빠르게 기존 휴대폰 시장을 잠식하고 삼성, LG 등의 후발 업체들은 발 빠르게 새로운 시장에 적응해 나갔는데 노키아는 그러지 못했어요. 오랫동안 세계 1위를 하면서 새로운 물결과 경쟁 기술의 위기를 제대로 파악하지 못했고 지나치게 커져 버린 조직은 빠른 의사 결정을 내리지 못했어요. 결국 세계 휴대폰 시장에서 1위였던 노키아는 2013년 휴대폰

사업부를 마이크로소프트에 매각했고 노키아 휴대폰은 역사 속으로 사라지게 되었어요. 그 후 노키아는 5G 통신 기술에 집중해서 2017년 흑자로 전환되었으니, 변신에 성공한 기업으로 평가할 수도 있어요.

미국 최초의 민간 항공사 팬 아메리칸 월드 항공은 제2차 세계대전 때 급성장했어요. 줄여서 팬암(PanAm)이라고 많이 불렸어요. 팬암은 미군과 연합군의 군수 물자를 나르면서 성장했고 전쟁 후 해외 노선을 확대하면서 세계 최대의 민간 항공사가 되었지요. 급격히 성장하는 항공 수요에 맞추어 팬암은 비행기를 늘렸고, 최초로 보잉747을 운용하기도 했어요. 그런데 미국의 대표 민간 항공사라는 이유로 테러리스트들의 타겟이 되었고 1986년 파키스탄 공항 납치 사건, 1988년 스코틀랜드 공중 폭파 사건 등이 발생하면서 사람들이 기피하는 항공사가 되었어요. 거기다 설상가상으로 4차 중동 전쟁으로 유가가 4배나 상승하는 오일 쇼크가 발생해 항공업계 전체가 휘청하게 되었어요. 팬암도 위기를 극복하기 위해 미국 내 중견 항공사를 인수했지만, 오히려 유지비와 인건비만 더 증가하게 되어 적자를 이기지 못하고 역사 속으로 사라지게 되었지요.

샤프라는 일본 기업이 있어요. 우리가 쓰는 필기도구 샤프랑 이름이 같지요. 전자계산기 등 전자 제품으로 한때 세계적으로 유명했던 이 일본 기업의 이름은 우리가 잘 아는 샤프펜슬에서 온 거예요. 창업자 하야카와 도쿠지는 일본 최초로 기계식 연필인 샤프를 발명한 사람이에요. 그는 1912년 하야카와 전기공업이라는 회사를 설립했어요. 당시 미국에서는 에버레디 샤프라는 기계식 연필이 발명되어 최첨단 인기 상품으로 부상하고 있었는데, 하야카와 전기공업은 이것을 모방해서 샤프펜슬을

중동 전쟁과 오일 쇼크

이스라엘은 독립 이후 주변 중동 국가와 여러 차례 전쟁을 치렀는데 각각의 전쟁을 시기와 발생 배경에 따라 4차례로 구분한다.
- 1차 중동 전쟁(1948~1949년) : 이스라엘의 독립 선언 다음 날 이스라엘과 주변 아랍 국가 간의 갈등으로 발발된 전쟁. 이스라엘의 독립을 인정하지 못하는 주변국들이 기습적으로 침공하였으며 이스라엘의 일방적인 승리로 끝났다.
- 2차 중동 전쟁(1956년) : 이집트의 총리 나세르가 수에즈 운하의 국유화를 선언하자 이스라엘, 프랑스, 영국이 이집트를 침공한 전쟁. 이스라엘 측 전쟁의 승리로 영국, 프랑스가 수에즈 운하를 점령했다.
- 3차 중동 전쟁(1967년) : 이스라엘, 이집트, 시리아, 요르단 간의 군사적 갈등으로 시작된 전쟁으로 이스라엘은 이 전쟁을 6일 만에 승리하여 6일 전쟁이라 부르고, 이스라엘은 이전보다 더 넓은 영토를 확보하게 된다.
- 4차 중동 전쟁(1973년) : 1973년 새로 당선된 이집트 대통령이 권위 회복을 목표로 기습 공격하며 시작한 전쟁으로 미국 등의 도움을 받은 이스라엘의 승리로 끝났다. 아랍 국가들은 패배에 대한 보복으로 OPEC에서 원유 가격을 올리고 수출을 금지해 제1차 석유 파동으로 연결되었다.

만들어 팔기 시작했어요. 장사가 너무 잘되자 아예 회사 이름을 샤프로 바꾸기도 했지요.

그 후 샤프는 제2차 세계대전 때 전쟁 소식을 궁금해하는 사람들을 위해 최초의 라디오를 생산하고 텔레비전, 전자레인지, 탁상용 전자계산기 등 독창적인 제품을 개발해 연속 히트를 하면서 성장해 나갔어요. 2000년 무렵 기존 브라운관 TV에서 평판 디스플레이로 텔레비전 시장의 흐름이 바뀌는 것을 보고 LCD(액정 디스플레이) 개발에 전념해 LCD 시장을 주도해 나갔어요. 그런데 2000년대 초반을 지나면서 삼성, LG 등 우리나라 기업에 가격과 기술력 경쟁에서 밀리기 시작했어요. 결정적으로 2000년대 후반, 일본 화폐인 엔화의 가치가 다른 나라의 화폐에 비해 높아지는 엔고 현상의 영향으로 최악의 적자를 내고 말았어요. 샤프는 2016년 결국 대만 기업에 매각되어 이제는 일본 기업이 아니라 대만 홍하이의 자회사가 되었어요.

변신에 성공한 기업과 변신에 실패한 기업

앞에서 언급한 기업 외에 지속적으로 변신에 성공하고 있는 기업들과 변신에 실패한 기업들이 있는데 더 알아보기로 해요. 먼저 지속적으로 변신하고 있는 기업들부터 살펴볼까요.

- 아마존(Amazon) : 1994년 인터넷 도서 판매로 시작하여 최초로 전자상거래 서비스 기업으로 변신에 성공했어요. 물류와 클라우드 컴퓨팅 시장으로 사업 확대 중이에요.
- 제너럴 일렉트릭(GE) : 발명왕 에디슨이 창업한 전기 조명 회사를 모체로 성장한 GE는 세계 최대의 글로벌 인프라 그룹이에요. 초기에 전구, 발전 설비, 전력 등의 사업에서 항공, 운송, 제조까지 사업을 확장하다가 지금은 가전, 금융 사업을 매각하고 생명과학, 해양, 항공, 재생 에너지에 집중하고 있어요.
- 듀폰(Dupont) : 1802년 총포용 화약 공장으로 시작한 기업이에요. 이후 경쟁자들 때문에 수익성이 악화되자 1938년 최초로 나일론을 개발하여 의류, 생활용품 등을 생산하는 초거대 기업으로 변신했어요.
- 스리엠(3M) : 광산회사로 시작한 3M은 1902년 사금 채굴사업에서 큰 손해를 보고 사포와 연마석 제조기업으로 변신했어요. 이후 방수 연마

지, 셀로판테이프 등이 히트하면서 성장했고, 붙였다 떼기를 반복할 수 있는 메모지 포스트잇을 발명하여 세계적인 기업으로 발돋움했어요.

- 푸조(Peugeot) : 푸조는 1810년 커피분쇄기, 우산, 후추분쇄기 등의 철강제품 제조업으로 시작한 기업이에요. 1882년부터는 자전거 제조를 시작하여 1889년 자동차 제조를 시작했지요. 현재는 프랑스 PSA 그룹의 일원으로 프랑스 최대의 자동차 메이커로 성장했어요.
- 필립스(Philips) : 한때 가전제품 시장을 주름 잡던 필립스는 경쟁력을 잃고 헬스케어, 조명, 소형가전 제조기업으로 변신에 성공했어요. 휴대폰과 연동할 수 있는 스마트 조명, 저지방 튀김기 등을 개발하여 지속적으로 변신 중이에요.
- 후지(Fuji) : 카메라용 필름 업체였던 후지는 필름과 피부의 주성분이 같은 콜라겐이라는 점에 착안하여 2006년 화장품 분야로 사업을 확대했

어요. 또한 콜라겐 가공 바이오 기술을 활용하여 바이오 사업에도 진출하였고, 디지털 엑스레이 필름, 내시경 사업에도 진출하며 성공적으로 변신 중이에요.

반면에 변신에 실패해서 역사에서 사라진 기업들도 있어요. 어떤 기업들이 있는지 알아볼까요?

- 코닥(Kodak) : 최초의 휴대용 카메라를 만들고 카메라용 필름 제조 분야에서 독보적인 리더였던 코닥은 디지털 시대에 적응하지 못하고 결국 2012년 파산했어요. 1975년 최초의 디지털 카메라를 발명한 것도 코닥인데, 디지털 카메라가 필름 사업을 위협한다고 판단하여 상용화를 거부했어요. 결국 일본의 소니가 최초로 상업화에 성공했고 디지털 카메라 시장에 적응하지 못한 코닥은 역사 속으로 사라졌어요.
- 제록스(Xerox) : 제록스는 최초의 복사기를 발명하여 먹지를 없애는 혁명을 이룬 기업이지만, 후발 주자인 일본 기업들과의 경쟁에서 뒤처지고 말았어요. 게다가 이메일의 등장과 전자문서의 확대로 매출이 급격히 줄어들어 2018년 후지에 매각되었어요.
- 도시바(Toshiba) : 도시바는 오랜 역사를 지닌 일본의 유명 기업이에요. 1875년 시계와 스스로 움직이는 기계인형을 만드는 것에서부터 시작해 반도체, 가전제품, 원자력 발전소, 하드디스크, LCD 모니터, 노트북 등 방대한 사업을 보유한 기술 기업인 도시바는 오랫동안 일본 기술력을 상징하는 기업이었지만, 회계 부정과 미국 원자력 발전회사 웨스팅

하우스 투자로 인한 손실 등으로 2023년 상장 폐지되고 말았어요.
- 싱어(Singer) : 1851년 최초의 기계식 재봉틀을 만든 싱어는 세계 최대의 재봉틀 회사가 되었어요. 2차 세계대전 종전 후 여성들의 사회 진출로 재봉틀 수요가 줄어들고 일본 후발주자와의 경쟁에서 실패하며 음향·사무기기, 통신기기 등 다양하게 사업을 확대했지만 석유 위기와 경기 침체로 인한 적자 누적으로 기업 사냥꾼에게 인수되고 말았어요.
- 크라이슬러(Chrysler) : 1924년 탄생한 크라이슬러는 한때 GM, 포드와 함께 미국 자동차의 빅3로 불렸어요. 그러나 SUV 자동차 등 대형차에 집착하다가 1980년대 이후 고유가 시대와 경제성 높은 일본 소형 자동차와의 경쟁에서 뒤처지면서 1988년 독일의 다임러 벤츠에 합병되고 말았어요. 2014년 다시 프랑스 피아트에 합병되어 현재는 크라이슬러라는 브랜드만 남아 있어요.

약육강식의 세계, M&A

목이 마른 가젤이 엄청나게 눈치를 살피며 호수에서 물을 마셔요. 호수에는 악어가 있기 때문이지요. 그런데 눈 깜짝할 사이에 악어에게 목덜미를 물려 물속으로 끌려 들어가고 말아요. 〈동물의 왕국〉이라는 텔레비전 프로그램의 한 장면이에요. 약육강식의 법칙이 지배하는 동물의 세계를 잘 보여 주는 다큐멘터리지요.

기업의 세계도 약육강식의 세계예요. 강한 기업은 세력을 확대하기 위해 먹이가 되는 기업을 찾아 어떻게 해서든 그 기업을 먹어 버리지요. 큰 기업이 작은 기업을 인수 합병하는 거예요. 이런 M&A를 통해 기업들은 끊임없이 진화하고 성장하려고 해요. 새로운 사업을 처음부터 시작하는 것보다 이미 어느 정도 자리 잡은 기업을 인수하면 기술과 노하우는 물론 시장도 한꺼번에 가져올 수 있어 그 사업에 진출하는 데 유리하기 때문이지요.

세계 최대의 동영상 공유 플랫폼 유튜브(YouTube)에 관해 이야기해 볼까요. 2005년 서비스를 시작한 유튜브는 창업한 지 1년이 조금 넘자 당시까지 최고의 금액으로 구글에 인수되었어요. 구글이 처음 유튜브를 인수하던 때만 해도 어떻게 수익을 낼지 방법이 명확하지 않아 비난을 받았지만 세월이 지난 지금 유튜브는 구글의 효자 사업이 되었어요. 전 세계 온라인 영상 공유 플랫폼 시장의 70퍼센트 이상을 차지하는 유튜브는 한 달에 무려 20억 명 이상이 방문한다고 해요. 한국에서도 한 사람당 한 달 평균 30시간 이상을 방문한다고 하니, 한국인도 한 달에 하루 이상을 유튜브 속에서 살고 있는 셈이지요.

유튜브 성공의 핵심은 저작권이 있는 영상을 무료로 공유하면서 광고비를 받도록 한 거예요. 동영상을 올린 사람들이 수익을 가져갈 수 있는 구조가 생기자 많은 사람들이 동영상을 자발적으로 만들어 올렸어요. 또한 스마트폰의 확대로 유튜브 영상을 보는 사람들의 숫자는 폭발적으로 늘게 되었지요. 문서 위주의 정보 검색 서비스였던 구글은 유튜브 덕분에 동영상 정보를 제공할 수 있게 되어 더 많은 사람들이 구글 플랫폼에서 다양한 서비스를 이용할 수 있게 되었고요.

이와 비슷한 사례는 또 있어요. AT&T가 타임워너를 인수하고 디즈니가 21세기 폭스를 인수한 것이지요. 통신회사인 AT&T와 엔터테인먼트 회사인 디즈니는 앞으로 엔터테인먼트 산업의 핵심은 온라인 미디어 서비스인 스트리밍 서비스 사업이라고 생각했어요. 독자적인 콘텐츠 확보를 위해 세계적인 영화사인 타임워너와 21세기 폭스를 각각 인수한 것도 그 이유예요. 이러한 인수 합병을 통해 100년 가까운 세월 동안 쌓인 영화 콘텐츠를 손에 쥘 수 있게 되었고, 이를 바탕으로 다양한 캐릭터나 새로운 콘텐츠를 만들 수 있게 되었어요.

미래 유망 산업 중 하나인 로봇 분야에서도 기술을 확보하기 위해 많은

회사들이 인수 합병 경쟁을 하고 있어요. 현대자동차 그룹은 2020년 미국의 로봇 과학자들이 설립한 로봇 전문 기업 보스턴 다이내믹스를 인수했어요. MIT 공대의 로봇 연구소에서 탄생한 이 회사는 2013년 구글에 인수되었다가 2017년 소프트뱅크에 다시 매각되었어요. 이후 2020년 현대자동차가 80퍼센트의 지분을 인수하면서 보스턴 다이내믹스의 주인이 되었고 현대자동차는 보스턴 다이내믹스의 기술을 군용 및 순찰용 로봇 등에 다양하게 활용할 계획이에요.

카이스트에서 창업한 두 발로 걷는 로봇 전문회사인 레인보로보틱스에는 삼성전자가 지속적으로 투자를 확대해 2025년 3월 대주주가 되었어요. 삼성전자는 이 회사의 로봇 기술에 삼성전자의 AI 기술을 접목해서 서비스 로봇과 헬스케어 로봇, 로봇 청소기 등 다양한 분야에 활용할 계획이에요.

그 밖에도 아마존이 로봇 청소기 회사인 아이로봇을 인수하고 보쉬렉스로스에서 협동 로봇팔 개발업체인 카소로봇을 인수한 것도 모두 빠르게 기술을 획득해서 다가올 미래 로봇 시장에서 경쟁력을 확보하기 위해서예요.

"일본 기업이 철강왕 카네기가 세운 기업을 인수한다고?"

미국을 대표하는 철강 기업인 US스틸을 일본제철이 인수하려 하자 미국인들은 거부감을 드러냈고, 바이든 대통령은 인수를 허가하지 않았어요. 그런데 2025년 재집권한 트럼프 대통령은 일본제철이 US스틸을 인수하는 안을 다시 검토하라고 지시했어요.

1901년 앤드루 카네기가 설립한 US스틸은 미국에 대륙횡단 철도가 생기면서 철도산업을 독점했고, 한때 미국 철강 생산량의 70퍼센트 가까이를 차지하기도 할 만큼 미국을 대표하는 기업이었어요. 설립자인 카네기는 철강왕이라고 불리기도 했을 정도랍니다. 하지만 미국의 대표 기업으로 한때 세계 1위였던 US스틸은 일본, 독일, 중국과의 경쟁에서 밀리고 신기술 투자에도 뒤처지면서 경쟁력을 상실했어요. 결국 2023년 일본 엔화의 가치가 떨어지는 엔저 현상으로 경쟁력을 회복한 일본제철이 US스틸 인수를 추진하게 되었어요. 인수에 성공한다면 글로벌 4위였던 일본제철은 이를 통해 3위로 발돋움하고 미국과 선진국의 고급 제품 수요와 전기차와 신재생 에너지 등의 새로운 수요에 대응할 수 있게 돼요.

혁신을 통해 끊임없이 진화하는 기업들

맛있는 커피 하면 사람들은 커피 전문가인 바리스타가 비싼 기계로 커피를 뽑아내는 걸 떠올려요. 캡슐커피는 이런 편견을 깨뜨렸어요.

'최고급 에스프레소를 바리스타 없이 간편하게 마시게 하면 어떨까?'

이런 아이디어를 떠올린 네스프레소는 간편하게 고급 커피를 마실 수 있도록 원두커피를 작은 캡슐 속에 담았어요. 캡슐커피와 전용기기가 있으면 누구나 손쉽게 맛있는 커피를 뽑을 수 있는 네슬레의 캡슐커피 브랜드 네스프레소의 역사는 1976년으로 거슬러 올라가요.

세계 1위의 식음료 회사 네슬레는 사람들이 에스프레소 커피를 마시고 싶은데 비싼 기계와 숙련된 바리스타가 있어야 한다는 불편함에 착안했어요. 커피를 캡슐에 넣어 오래 보관할 수 있도록 하고, 캡슐을 기계에 넣기만 하면 전문가 수준의 에스프레소를 마실 수 있는 추출기계를 개발해서 특허도 출원했어요. 네스프레소의 시작이에요.

처음에 네스프레소는 카페나 사무실을 대상으로 공략했어요.

"이 작은 기계만 있으면 누구나 손쉽게 향긋한 커피를 만들 수 있

어요. 작동도 아주 쉬워요!"

"아니, 그럼 바리스타가 할 일이 없어지잖아요!"

"글쎄요, 작동법도 그리 쉽지 않은 것 같은데…."

처음 전략이 실패하자 네스프레소는 가정용으로 대상을 바꾸고 고급 커피를 소비할 수 있는 중산층 이상의 가정을 공략해서 기계는 싸게 보급하고 네스프레소를 경험할 기회를 넓히는 전략으로 수정했어요. 고급 백화점이나 비행기 일등석에서 네스프레소를 오프라인으로 체험하게 하고, 온라인 네스프레소 클럽을 통해 주문 및 애프터서비스를 받도록 해서 고객을 확보했어요. 결국 개발한 지 40년이 넘어 캡슐커피라는 새로운 산업을 만들어 내었고 전 세계 시장의 40퍼센트를 점유하고 있어요.

일론 머스크의 테슬라는 지난 백여 년 동안 도로를 지배했던 내연기관 자동차를 전기 자동차로 옮기는 혁신을 이루어 낸 기업이에요. 온라인 결제 시스템 회사 페이팔을 만든 일론 머스크는 1999년 이베이에 페이팔을 매각하고 큰돈을 벌었어요. 이 돈으로 2003년 전기 자동차 회사 테슬라에 투자했어요. 이후 테슬라는 모든 자동차 회사의 방해를 이기고 백 년 넘는 역사의 내연기관 자동차 시장을 전기차로 바꾸어 나가고 있어요.

테슬라가 성공한 첫 번째 비결은 전기차가 느리고 작고 못생겼다는 편견을 깬 거예요. 처음부터 일반 보급형 전기차를 출시한 것이 아니라 시속 200킬로미터 이상 달릴 수 있는 멋진 고급 스포츠카를 만들어 기존의 전기차에 대한 인식을 깨뜨렸어요.

"전기차는 빠르고 멋지고 경제적이면서 친환경적이야!"

테슬라는 전기차를 바라보는 사람들의 생각을 어느새 바꿔 놓았지요.
 테슬라의 두 번째 성공 비결은 세계 최대의 배터리 제조공장 기가팩토리를 만들어 배터리를 자체 생산한 거예요. 기가팩토리 덕분에 테슬라는 한국이나 일본, 중국 등 주요 배터리 제조업체에 휘둘리지 않고 배터리를 확보할 수 있게 되었어요.
 세 번째 성공 비결은 테슬라의 가장 혁신적인 부분인데, 기존에는 서비스센터에서 몇 시간씩 걸리던 자동차 소프트웨어 업그레이드를 스마트폰처럼 집에서 쉽게 자동으로 할 수 있게 한 거예요. 전 세계 테슬라 자동차의 주행 데이터에서 얻은 정보와 새로 개발된 기술을 무선 소프트웨어 업데이트를 통해 내 차에도 업그레이드해 주지요. 이러한 혁신적인 개념은

애플이 스마트폰을 만든 뒤, 모든 휴대폰 회사가 애플을 따라 했듯이 전 세계 자동차 회사가 모두 테슬라를 따라 하는 혁신의 방향이 되었어요.

이 밖에도 과감하게 자율주행 서비스를 제공하고 자동차 딜러를

테슬라 전기차의 무선 소프트웨어 업데이트(OTA)

테슬라는 자동차 업계에서 처음으로 무선 소프트웨어 업데이트(OTA, Over The Air)를 시작했다. OTA는 자동차의 내비게이션과 최신 지도 등의 소프트웨어를 별도로 정비소에 가지 않고 자동으로 업데이트하는 시스템이다. 전 세계에서 운행 중인 테슬라 자동차의 주행 정보를 기반으로 자율주행 관련 소프트웨어뿐만 아니라, 파워 트레인, 바디 및 섀시 제어, 카메라, 주차보조 시스템, 인포테인먼트 등 하드웨어를 제어하는 소프트웨어도 자동으로 업데이트가 가능하여 자동차의 성능을 지속적으로 향상시킬 수 있다. OTA 패키지를 장착한 차량은 지속적으로 성능이 개선되기 때문에 OTA 패키지가 있는 중고차가 이 패키지가 없는 신차보다 비싸게 거래되는 현상도 발생한다.

통하지 않고 온라인으로 직접 판매하고 주문 생산하는 방식과 전용 급속 충전소를 만들어 편리하게 충전할 수 있게 하는 등 기존 자동차 회사와는 다른 전략으로 테슬라는 전기차의 시대를 열어 가고 있어요.

스타벅스는 커피 하면 가장 먼저 떠올리게 되는 카페 브랜드이지만, 1971년 설립 초기에는 커피 원두를 판매하던 소매점이었어요. 1987년 하워드 슐츠가 인수하면서 커피 전문점으로 다시 태어났지요. 세상의 수많은 커피숍을 제치고 스타벅스는 어떻게 세계 1위의 커피 전문점이 되었을까요?

"카페를 단순히 커피를 마시는 공간이 아니라 가정과 직장 다음으로 편하게 머물 수 있는 제3의 공간으로 만들자!"

하워드 슐츠가 세운 전략이에요. 커피를 파는 것이 아니라 분위기와 경험, 즉 문화를 판다는 전략이지요. 매장 분위기를 고급화해서 스타벅스는 다른 곳보다 커피 값이 비싸지만 고급스러운 분위기에서 커피를 마신다는 것을 자랑할 수 있는 카페라는 인식을 만들었어요. 또한 주문한 사람의 이름이나 닉네임을 불러 친밀감을 높이고, 노트북을 들고 한

팬들을 위한 상품, MD

MD는 머천다이즈(Merchandise)의 약자로 이벤트나 판매 촉진을 위해 특별히 디자인해 만든 상품을 가리키는 용어인데, 흔히 '굿즈(Goods)'라고도 한다. 팬들과의 연대를 강화하고, 브랜드 이미지를 높일 목적으로 만든다. 모자, 스티커, 문구류, 인형, 음반, 티셔츠, 컵 등 다양한 제품을 한정 수량 만들어 소장 가치가 높은 경우가 많다.

자리에 오래 앉아 있는 고객들을 기피하지 않고 오히려 그들이 편하게 머무를 수 있도록 배려해 주었지요. 또한 나라별, 지역별로 거기에서만 살 수 있는 상품들을 출시하기도 해요. 이런 상품들은 MD라고 하는데 MD를 사기 위해 특정 나라를 방문하거나 매장을 방문하는 사람이 있을 정도로 호기심과 관심을 자극하고 있어요.

크리스마스 무렵이 되면 스타벅스는 그때에만 살 수 있는 디자인의 텀블러와 머그컵, 와인글라스 등을 출시하는데, 이 물건을 사기 위해 많은 사람들이 줄을 서지요. 또한 스타벅스는 한국처럼 "빨리빨리!"를 외치는 고객을 위해 사이렌 오더라는 어플을 만들어 매장에 오기 전에, 또는 매장에 앉아 편하게 주문할 수 있도록 했어요. 이처럼 커피 맛과 품질은 물론이고 방문하는 손님들이 다른 곳에서는 느낄 수 없는 만족과 경험을 줌으로써 스타벅스는 경쟁이 치열한 커피 전문점 시장에서 독보적인 1위 자리를 굳건히 지키고 있어요.

Chapter 5
미래 기업의 모습과 나의 선택은?

변하는 세상, 누구에게나 열린 새로운 기회

위기는 때로는 기회가 되기도 해요. 어떤 기업은 전쟁이나 질병 등의 위기에도 새로운 사업을 시작하거나 성장하는 계기로 삼기도 하고, 또 어떤 기업은 위기를 맞아 경쟁력을 잃고 사라지기도 해요. 1935년에는 기업의 평균 수명이 90년이었는데 1970년대에는 30년, 2020년에는 10년으로 점점 짧아지고 있어요. 지난 수십 년 동안 글로벌 10위까지 회사의 순위를 살펴보면 10년 넘게 톱 10을 유지하는 회사는 그리 많지 않아요.

1980년대에는 IBM과 AT&T 같은 시스템 컴퓨터와 통신회사가 1, 2위를 차지하였고 그 밑에는 석유회사들이 많이 있었어요. 필름 회사 코닥도 10위에 있었고요. 1970년대부터 80년대까지 가파르게 성장한 일본은 세계 2위의 경쟁력을 가지게 되었고, 1990년대에 들어와서는 NTT(일본전신전화) 등 일본 회사들이 1위에서 7위를 모두 차지하고 10위 안에 8개나 올랐어요.

하지만 2000년대 들어 일본 기업은 거의 사라지고 미국의 마이크로소프트와 인텔 등 컴퓨터 분야 기업들과 GE, 시스코 등 전력, 통신 분야

가 10위 안에 새로 진입했어요. 2010년에는 유가 상승의 영향으로 엑슨 모빌, 페트로차이나가 1, 2위를 차지하고 네 개의 석유회사가 10위 안에 진입했어요. 그리고 애플이 최초로 3위에 올랐어요. 2019년도에 마이크로소프트, 아마존, 애플, 구글, 페이스북 등 첨단 IT 회사가 상위를 차지하고 알리바바와 텐센트 등 중국의 IT 업체들이 톱 10으로 진입했어요.

눈여겨볼 부분은 1990년대까지 세계 경제를 주름잡던 일본이 글로벌 순위에서 이름을 감추었다는 거예요. 일본은 1985년 플라자 합의 이후 갑작스런 환율 상승으로 경쟁력이 떨어지면서 1980년대에 누렸던 경제 호황이 사라지고 말았어요. 거품 경제가 완전히 붕괴된 1992년부터 2010년대에 이르기까지 오랜 불황을 '잃어버린 30년'이라고 부를 정도로 일본은 어려움을 겪었어요. 최근에 환율을 낮추면서 제조 경쟁력을 확보하기 시작해 수십 년 만에 고용이 증가하고 물가가 상승하는 등 긍정적인 신호가 나오고 있는데, 일본은 '다시 찾은 30년'을 위해 노력 중이에요.

또 하나 재미난 것은 전쟁이나 분쟁 등으로 오일 파동이 나서 국제 유가가 올라가면 석유회사의 순위가 올라간다는 점이지요. 1980년 이란-이라크전, 2003년 이라크 전쟁 등으로 유가가 올라가면서 석유회사들은 막대한 수익을 거두어 글로벌 톱 10에 진입했어요. 그러나 그 이후 신재생 에너지의 빠른 성장과 테슬라와 같은 전기 자동차의 등장으로 앞으로 많은 석유회사가 글로벌 톱 10에 다시 진입하기는 어려울 것 같아요.

우리나라에서도 2022년도에 LG에너지솔루션, 삼성SDI, 포스코퓨처엠와 같은 배터리 기업이 국내기업 상위에 올라온 걸 보면 앞으로 전기차와 신재생 에너지 관련 기업들이 더 높은 순위를 많이 차지할 것으로 예

플라자 합의와 잃어버린 30년

1980년대 이후 일본, 독일의 전자 제품과 자동차 등 값싸고 질 좋은 제품이 미국 시장을 장악하자 미국은 엄청난 무역 적자를 겪게 되었다. 이를 극복하기 위해 1985년 미국, 영국, 프랑스, 독일, 일본 등 5개국 재무장관이 미국 뉴욕의 플라자 호텔에서 체결한 합의를 플라자 합의라 한다. 플라자 합의의 주요 내용은 독일과 일본의 화폐 가치를 인위적으로 높이는 결정이었는데, 3년에 걸쳐 일본 엔화의 환율은 급격히 올라 엔화의 가치가 2배 가까이 뛰었다. 이로 인해 일본 제품 가격 역시 2배로 올라 수출 경쟁력이 급격히 떨어져서 극심한 경기 침체를 겪는다. 이후 1980년대 일본 거품경제가 완전히 붕괴된 1992년부터 2001년까지 햇수로 10년 동안 이어진 일본의 장기 경제 불황 시기를 '잃어버린 10년'이라고 한다. 2001년 이후로도 경제 불황은 계속되어 '잃어버린 20년', '잃어버린 30년'으로 계속 기간이 늘어났다.

상돼요. 전쟁이나 질병뿐만 아니라 환경이나 정책 등 다양한 변수 역시 어떤 기업에는 위협이 되고 어떤 기업에는 기회가 될 수도 있답니다.

앞으로는 어떤 기업들이 높은 순위를 차지하게 될까요? 검색과 소셜네트워크, 온라인쇼핑, 게임 등 온라인을 기반으로 하는 첨단 IT기업들이 경쟁하면서 성장할 것으로 보여요. 우리나라의 카카오, 네이버, 쿠팡, 넷마블, 넥슨 등과 같은 기업들이죠. 미국의 애플, 마이크로소프트, 아마존, 구글이나 중국의 텐센트, 알리바바 등도 모두 온라인을 기반으로 하는 IT기업들인데 이들 간의 경쟁과 새로운 서비스의 등장으로 온라인 기반 IT기업들은 앞으로도 전 세계를 지배할 것 같아요.

대한민국은 벤처 공화국으로 진화 중

핀란드 기업 노키아는 한때 세계 휴대폰 시장의 40퍼센트를 차지했고 핀란드 수출의 25퍼센트를 차지했던 대기업이었어요.

"우리 애 노키아에서 일해!"

핀란드 부모에게는 이 말이 최고의 자식 자랑일 정도였지요.

그런 노키아가 2007년 애플이 만든 스마트폰 세상에 적응하지 못해 어려움을 겪다 2013년 휴대폰 사업부를 마이크로소프트에 매각했을 때 핀란드는 국가 부도를 걱정했을 정도였어요. 국가 전체 수출이 10퍼센트 이상 줄어들어 핀란드 경제는 2011년부터 5년 연속 적자를 기록했으니까요. 그런 노키아가 휴대폰 사업을 접자 1만 명 이상의 우수한 엔지니어들이 해고를 당했어요. 졸지에 일자리를 잃은 엔지니어들은 자의 반 타의 반으로 스타트업을 만들기 시작했고 정부도 벤처 투자 자금을 조성해서 도왔어요. 그렇게 시간이 흐른 지금, **핀란드는 인구 대비 혁신형 스타트업이 가장 많은 스타트업 강국**이 되었어요.

우리나라는 2000년 무렵 IMF 외환 위기 이후 침체된 경기 회복을 위해

정부가 주도적으로 벤처 기업 지원과 인터넷 보급을 확대해 IT 창업의 광풍이 불었어요. 이때를 제1의 벤처 붐이라고 불러요. 20여 년이 지난 2020년 무렵에는 그때보다 2배 이상의 스타트업 기업 창업과 벤처 투자가 이루어졌는데, 그때를 제2의 벤처 붐이라고 불러요.

또다시 불기 시작한 벤처 기업 창업 붐의 첫 번째 배경은 2016년 이후 대중에게 널리 알려지기 시작한 **4차 산업혁명 기술을 활용한 창업**이 늘어났기 때문이에요. 인공지능과 빅데이터, 사물 인터넷, 가상현실과 융합현실, 로봇 등의 4차 산업혁명 관련 기술들을 사업화하기 시작했지요.

두 번째 배경은 코로나19로 인해 우리가 사는 세상이 급격하게 비대면 사회로 바뀌면서, 디지털 전환이 일어난 점이에요. 온라인 쇼핑과 배달, 화상 회의, 코로나 진단 키트 등의 창업이 활발해졌고 정부도 적극적으로 지원했어요. 제1의 벤처 붐 때 IT 버블의 교훈을 새긴 투자자들과 성공한 벤처 기업가들이 초기부터 전문적으로 창업을 지원하는 생태계가 조성된 점도 아주 중요한 배경이에요.

마지막으로, 바뀐 기업 문화의 영향도 있어요. 해방과 6.25 이후 우리나라의 성장을 주도한 대기업들이 2008년 글로벌 경제 위기를 겪으면서 직원들을 대량으로 정리 해고하는 모습을 보고 우수한 인재들이 더 이상 정년을 보장해 주지 않는 대기업을 박차고 나와 창업에 뛰어든 것이지요.

이렇게 우리나라는 대기업들이 글로벌 경쟁력을 유지하고 발전하면서도 스타트업 공화국으로 서서히 탈바꿈하고 있어요. 2020년 기준으로 벤처 기업에 근무하는 직원의 숫자가 80만 명이 넘어 삼성, 현대, LG, SK

등 4대 그룹 직원 수를 모두 합친 것보다 10만 명 이상 많다고 해요.

우리나라의 스타트업 생태계는 전 세계 20위 수준이에요. 도시 기준으로 보면 서울은 글로벌 12위이고 유니콘 기업의 숫자도 14개 내외로 전 세계 유니콘 기업 중 1.2퍼센트 정도밖에 되지 않아요. 숫자로만 보면 스타트업 생태계의 순위가 높지는 않지만, **스타트업이 혁신적인 기술과 비즈니스 모델을 만들고 대기업이나 중견기업이 스타트업의 혁신을 지원하고 성장시킬 수 있는 생태계와 자체 시장을 가진 나라**는 그리 많지 않아요. 이런 점에서 우리나라에서 앞으로 더욱 혁신적인 스타트업들이 탄생하고 유니콘 기업으로 성장해서 글로벌 비즈니스를 이끄는 시대를 기대해 봐도 좋을 것 같아요.

회사가 돈을 버는 방법, 비즈니스 모델

비즈니스 모델(Business Model)은 기업이 어떤 상품이나 서비스를 누구에게 어떤 방식으로 제공해서 수익을 창출할지에 대한 구조와 전략을 말한다. 쉽게 말하면 무엇을 누구한테 팔지, 돈을 어떻게 받을지에 대한 계획이다. 동네 피자 가게의 비즈니스 모델은 피자를 구워 손님에게 파는 것이고, 피자 배달 앱의 비즈니스 모델은 소비자에게 공짜로 앱을 제공하고 피자 가게에서는 광고비나 수수료를 받는 방법으로 배달을 연결해 주고 돈을 버는 것이다.

작은 거인, 유니콘 기업

　머리에 뿔이 하나 달린 말 유니콘은 전설에 나오는 상상의 동물이에요. 기업 중에도 유니콘이 있어요. 유니콘처럼 상상 속에나 있을 법한 희귀한 존재라는 의미인데, 창업한 지 10년이 안 되었고 상장하지 않은 스타트업 기업 중에 기업 가치 10억 달러, 원화로 1조 4천억 원이 넘는 기업을 유니콘 기업이라고 해요. 또한 100억 달러(약 14조 원)를 넘는 기업을 데카콘 기업이라고 하고, 기업 가치가 1000억 달러(약 140조 원)를 넘는 스타트업 기업을 헥토콘 기업이라고 하지요. 여기에서 유니(Uni)와 데카(Deca), 헥토(Hecto)는 각각 1과 10, 100을 뜻하는 말이에요.

　데카콘 기업이나 헥토콘 기업은 대부분 미국과 중국 기업인데, 틱톡 서비스를 제공하는 중국의 바이트댄스, 미국의 우주선 개발업체 스페이스엑스, 대화형 인공지능 서비스 챗GPT를 개발한 미국의 오픈AI, 알리페이를 소유한 중국의 앤트그룹, 중국의 온라인 패션 업체 쉬인 등이 유명해요. 그 밖에 공유 택시 서비스 우버(미국), 숙박 공유 서비스 에어비앤비(미국), 게임 제작 플랫폼 에픽게임즈(미국) 등이 있어요. 미국, 중국 외에 스웨덴의 핀테크(FinTech, 간편결제나 인테넷 뱅킹 같은 정보통신 기술을 융합한 금융 서비스) 기업 클라나, 싱가포르의 차량 공유 서비스 그랩과 튀르키예의 배송업체 게티

르가 데카콘 기업으로, 아쉽게도 우리나라에는 아직 데카콘 기업이나 헥토콘 기업이 없어요.

전 세계에 유니콘 기업은 약 1500개인데 그중 미국이 압도적인 1위이고, 그다음이 중국, 인도, 영국 순이에요. 한국의 유니콘 기업은 핀테크 회사인 두나무와 비바리퍼블리카(토스), 화장품 회사인 엘앤피코스메틱과 지피클럽, 바이오 기업 에이프로젠, 신선 식품 배송 업체인 컬리, 부동산 중개 플랫폼 직방, 웹툰과 웹소설 등 콘텐츠 플랫폼 리디, O2O 서비스 기업 야놀자 등 14개 내외로 전 세계 10위 정도예요. 유니콘 기업들의 사업 영역을 보면 우리나라에서 어떤 분야가 활발하게 혁신이 일어나고 있는지 짐작할 수 있어요. 그중에서 O2O(Online to Offline) 서비스란 인터넷, 모바일과 같은 온라인 기술을 활용하여 오프라인, 즉 실제 생활에 도움을 주는 서비스를 말해요. 예를 들면, 숙박, 식당, 티켓 예약, 공유 자전거 등 온라인으로 예약하고 실제 사용은 매장이나 식당, 극장, 자전거 등 직접 이용하는 서비스지요.

위에서 말한 기업보다 먼저 유니콘 기업이 되었다가 주식을 상장하거나 인수 합병으로 기업 가치가 더욱 커져서 더 이상 유니콘이 아닌 우리나라 기업들도 있는데, 이 중에도 우리 삶에 직접적인 영향을 미치고 있는 기업들이 많아요. 대표적으로 전자상거래 기업인 쿠팡, 엔터테인먼트 회사 하이브, 음식 배달 앱 배달의민족을 운영하는 우아한형제들, 차량 공유 서비스 쏘카, 게임 회사인 크래프톤, 넷마블, 펄어비스, 카카오게임즈 등이에요. 앞으로도 더 많은 유니콘 기업들이 나와 많은 일자리를 만들고 사람들에게 편리함을 주길 희망해요.

대기업과 스타트업 중 나의 선택은?

기업과 관련된 뉴스를 보다 보면 스타트업이라는 말이 자주 나오는데 도대체 스타트업이 뭘까요?

'스타트업이라니, 대체 뭘 시작했다는 거야?'

스타트업이라는 말을 처음 들으면 이런 생각이 들 거예요. 맞는 말이에요. **스타트업은 처음 시작한 회사라는 뜻**이니까요. 그런데 모든 회사는 처음에 어떻게든 시작을 했으니 모두 스타트업이 아닌가요? 동네에 카페, 과일가게, 음식점, 의상실, 미장원, 휴대폰 가게도 다 스타트업이라고 할 수 있지 않나요?

스타트업의 명확한 정의는 없지만 스타트업이 시작한 지 얼마 안 된 회사라는 건 맞아요. 카페 같은 소규모 영업점은 창업자가 몇 사람의 직원을 고용해서 사업을 하는데, 다른 카페보다 분위기가 좋거나 친절하거나 커피 맛이 좋으면 손님들이 더 많이 와서 유명해질 수는 있어요. 하지만 근본적으로 다른 카페와 크게 다르지 않아 폭발적인 성장이나 확대를 기대하기 어렵기 때문에 여기까지는 스타트업이라고 하지 않고 그냥 소규모 사업장이라고 해요.

대기업과 중견기업, 중소기업은 어떻게 구분할까?

우리나라는 기업을 자산(자본금+부채) 규모에 따라 대기업과 중견기업, 중소기업의 세 가지로 분류한다. 전체 기업 숫자 약 772만 개 이상 중에 중소기업이 771만 개가 넘어 전체의 99.9퍼센트에 달하는데, 대기업과 중견기업이 전체 매출의 75퍼센트를 차지하고 중소기업은 25퍼센트를 차지하고 있다.

- 대기업: 자산 총액이 10조 원이 넘는 회사를 말하며 삼성, SK, 현대자동차그룹, LG 등 48개 기업이 있다.
- 중견기업: 자산 규모 5천억 원에서 10조 원 미만의 기업을 말하며, 삼천리, 금오석유화학, 다우키움 등 5,576개의 기업이 있다.
- 중소기업: 자산 규모 5천억 원 이하의 기업으로, 전국에 771만 개가 넘고 기업 숫자로 국내기업의 99.9퍼센트를 차지한다.

스타벅스도 그렇게 평범한 원두 판매점, 커피 전문점으로 출발했지만, 다른 카페와 확연히 달라요. 스타벅스는 카페를 제3의 공간으로 정의하고, 단순히 커피를 마시는 공간에서 와 보고 싶고 머무르고 싶은 매력적인 공간으로 만들어 크게 성장했지요. 이처럼 다른 카페가 가지지 못한 매력과 잠재력, 시스템을 가지고 있어 크게 성장할 가능성이 생긴다면 스타트업이라고 불러요. 한마디로 규모가 작은 초기 기업이라는 점은 같지만 유사한 사업을 하는 다른 곳에 비해 차별성과 성장 잠재력을 가지고 있으면 스타트업이라고 부를 수 있지요.

그럼 **스타트업과 대기업 혹은 중견기업은 어떤 차이**가 있을까요? 이미 사업을 오랫동안 해 와서 기반을 닦은 기업을 대기업이나 중견기업이라고 하는데 이런 회사들은 보통 급여나 복지가 잘 되어 있어요. 그래서 삼성, LG, 현대 같은 대기업에 누구나 가고 싶어 하고 경쟁률도 높지요. 내부에 조직이 잘 갖추어져 있기 때문에 신입 사원으로 입사하면 위에 대리, 과장, 부장, 상무, 부사장, 사장 등 상급자들이 있고, 그 조직 속에서 나에게 주어진 업무를 해요. 업무도 조직화되어 있어서 아무리 커다란 프로젝트라고 해도 내가 맡은 부분만 잘해 내면 돼요. 업무 과정도 잘 정립되어 있어서 신입 사원의 경우에는 선배 사원과 잘 정리된 업무 프로세스를 통해 배울 수 있지요.

반면 스타트업은 위에서 말한 것들이 하나도 없다고 보면 돼요. 조직이라고는 사장과 직원 한두 명인 경우가 대부분이라, 처음 입사를 하자마자 바로 팀장이 되거나 팀장 이상의 일을 해야 하는 경우도 있어요. 업무도 정해진 것이 없고, 정해 주는 사람도 없는 경우가 많아서 이 일을 하다가 동시에 다른 일을 해야 하기도 해요. 업무 프로세스가 제대로 없는 건 당연하고 아무도 일하는 방법과 순서를 가르쳐 주지 않아 우왕좌왕하거나 실수를 반복하기도 하지요.

'에이, 그럼 당연히 대기업에서 일하는 게 좋지.'

그렇죠. 그러니까 대기업 지원율이 높은 거예요. 여러분은 대기업과 스타트업 어디에서 일하고 싶나요? 당연히 대기업에서 일하고 싶은 사람이 많지만, 요즘은 조금씩 변하고 있어요. 대기업에서 근무하고 있다가 나오거나, 또는 대기업에 충분히 갈 실력이 있는 사람도 **스타트업에 취직하거나 아예 창업**을 하는 경우가 늘고 있어요.

그 이유는 첫째로 **대기업이 예전처럼 나의 일생을 책임져 주지 않기 때문**이에요. 10년, 20년 전만 해도 대기업에 취직하면 회사는 직원을 가족이라 생각하고 자녀의 학비나 주거 등을 지원하면서 정년을 보장해

줬어요. 직원 또한 직장 동료와 회사를 가족처럼 소중히 여기고 평생 한 직장에서 은퇴하는 걸 자랑스럽게 여겼어요. 그런데 IMF 외환 위기나 글로벌 경제 위기, 코로나19 팬데믹 등의 위기가 발생하면서 회사는 어쩔 수 없이 직원들을 정리 해고할 수밖에 없었어요. 전 세계적으로 기업 간 경쟁이 치열해지면서 대기업이나 중소기업 모두 회사의 사정에 따라 정리 해고를 하는 것이 자연스러워졌어요. 회사나 직원 모두 평생직장이라는 개념이 희미해져 가고 있어요.

두 번째 이유는 세상이 점점 빠르게 변화하면서 대기업의 큰 조직만으로는 글로벌 경쟁에서 이기기 어려워지고 있다는 점이에요. 인공지능, 빅데이터, 사물 인터넷, 가상현실, 로봇 등의 4차 산업혁명 관련 기술들이 빠르게 발전하면서 이런 기술들을 이용한 비즈니스들이 발 빠르게 생겨나는데, 조직이 방대하고 의사 결정이 느린 대기업은 이런 빠른 변화에 대응하기가 어렵기 때문에 이런 분야의 스타트업 기업들이 많이 생겨났고 또 성공하고 있어요.

일과 삶의 균형, 워라밸

워라밸은 워크라이프 밸런스(Work-Life Valance)의 줄임말로, '일과 삶의 균형'이란 의미인데, 1970년대 후반 영국에서 처음 등장한 용어이다. 특히 여성 근로자가 직장에서 일하면서 가정 일도 감당해야 하니 출산, 육아 등을 위한 휴직과 보상 및 탄력적인 근무 시간을 보장해야 한다고 주장했는데, 2000년대 들어서는 세계 각국에서 사회적으로 주목받으면서 정책화되기 시작했다. 즉, 일도 중요하지만 개인의 시간과 취미를 즐기면서 삶의 균형을 찾는 것도 중요하다는 의미이다.

셋 번째 이유는 **일과 생활의 균형, 흔히 말하는 워라밸의 중요성이 증가했다는 점**이에요. 전에는 아침 일찍 출근해서 저녁 늦게 퇴근하고 야근과 주말 근무도 하고, 회사를 위해서라면 기꺼이 자신을 희생할 수 있었어요. 그런데 소득 수준이 점점 올라가면서 자신의 여가와 취미생활, 가족과의 시간을 중요하게 생각하게 되었고 더 이상 나의 인생을 책임지지 않는 대기업에 얽매이고 싶지 않은 사람이 늘고 있어요. 그래서 요즘에는 워라밸도 챙길 수 있고 대기업 못지않은 급여와 복지도 제공하면서 새로운 변화에 민첩하게 대응할 수 있는 스타트업이나 이미 어느 정도 성장해서 스타트업을 벗어났지만 자유로운 분위기의 작은 기업들의 인기가 높아지고 있어요.

기업의 미래는 경쟁이 아니라 창조

다가올 **미래에 기업의 모습**은 어떻게 바뀔까요? 기업 하면 큰 건물에 많은 사람들이 일하는 모습을 떠올렸지만 앞으로는 이런 모습이 아닐 거예요. 먼저 조직은 더 작아지고 유연해질 거예요. 대기업이라도 내부의 조직은 더 작아져서 스스로 결정할 수 있는 자율권이 주어지고 옛날처럼 한번 만난 직장 동료가 평생을 같이 가는 것이 아니라 업무와 프로젝트에 따라 유연하게 해체되기도 하고 새롭게 조직되기도 할 거예요. 대기업에서 신사업 발굴을 위해 이전에는 사내에 신사업 팀을 두었다면 요즘에는 사내 스타트업을 장려하고 외부의 스타트업을 발굴해서 투자하고 성장을 지원하기도 해요. 유연하고 자율적인 조직을 갖추어 생명력과 역동성을 불어넣기 위해서지요.

빠르게 발전하는 **정보통신 기술과 인공지능, 빅데이터 등의 도움으로 유연하고 민첩한 조직**을 꾸리는 것이 가능해지고 있어요. 기존에 조직의 말단 직원이 하던 단순 업무나 반복 업무는 더 이상 사람이 필요하지 않은 시대가 되고 있어요. 각자의 분야에 실력을 갖춘 전문가가 필요에 따라 모여 프로젝트를 수행하고 결과를 만드는 **긱 워커의 시**

대가 열리는 거죠.

또 인터넷으로 연결된 노트북으로 집에서 회사 업무를 보는 재택근무가 확대될 거예요. 날로 발전하는 IT 기술 덕분에 멀리 떨어져서도 마치 마주 앉아 있는 것처럼 대화하면서 효율적으로 일할 수 있게 되었어요. 코로나19 때문에 어쩔 수 없이 시작한 재택근무가 효율적으로 작동할 수 있다는 걸 알게 되어, 이제는 많은 기업들이 **재택근무를 확대**하고 있어요.

그럼 미래에는 어떤 기업이 성공할까요? 과거를 되돌아보면 변화와 위기에서 살아남은 기업과 적응하지 못해 역사에서 사라진 기업들이 있었어요. 과거보다 더욱 경쟁이 치열해지고 빠르게 변화하는 미래에 기업이 살아남을 수 있는 조건은 무엇일까요?

앞으로는 **경쟁이 아니라 창조**가 중요한 조건이 될 거예요. 더 많은 노동력과 자본을 투입하고 더 값싸고 효율적으로 물건을 만들어 경쟁하고 성공할 수 있는 시대는 저물어 가고 있어요. 예를 들어, 우리나라의 어

짧게 일하는 단시간 근로자, 긱 워커

긱 워커(Gig Worker)는 일시적인 일이란 뜻의 긱(Gig)과 노동자(Worker)를 합친 것으로, 고용주와 필요에 따라 몇 시간 혹은 며칠의 초단기 계약을 맺고 프로젝트 단위로 일하는 임시 노동자를 말한다. 긱(Gig)은 원래 미국 재즈 공연에서 연주자들이 공연을 위해 짧은 기간 계약을 하던 것에서 유래했다. 대표적인 긱 워커의 예로는 음식 배달 서비스 종사자나 온라인 프리랜서 작업자 등이 있다. 사회가 분화되어 업무의 전문성이 다양해지고 디지털 플랫폼의 발달로 업무 진행 상황이나 결과를 잘 공유할 수 있게 되면서 이러한 근무 형태가 확대되고 있다.

떤 회사가 멋진 디자인에 아주 훌륭한 성능을 가진 자동차를 만든다고 생각해 봐요. 우리나라 안에서는 비슷한 기술력과 노동력으로 경쟁에서 이길 수 있지만, 중국이나 인도에 가면 거의 비슷한 성능에 오히려 더 멋진 자동차를 우리나라보다 훨씬 저렴한 가격으로 만드는 것이 가능해요. 물론 우리나라에서는 국내 브랜드와 인지도가 경쟁력이 있지만, 비슷한 성능과 디자인에 훨씬 싼 가격이라면 국내 브랜드에 대한 충성도가 낮은 해외 고객들은 손쉽게 중국이나 인도 제품으로 옮겨 갈 거예요.

하지만 테슬라처럼 자고 일어나면 소프트웨어는 물론 하드웨어의 성능까지 개선해 주는 자동차 회사가 있다면, 게다가 이런 서비스를 할 수 있는 자동차 회사가 이미 전 세계에 자동차를 팔고 있고 또 데이터를 모으고 있는 테슬라밖에 없다면 다른 제품으로 쉽게 옮겨 갈 수 있을까요? 바로 이런 것이 경쟁이 아니고 창조예요. 세상 모든 자동차 회사가 엔진 성능과 자동차의 연료 소비량을 낮추는 데 주력할 때 테슬라는 전기 자동차를 만들었고, 스마트폰처럼 자동차를 업그레이드할 수 있는 시스템을 창

핏빛 바다와 푸른 바다, 레드오션과 블루오션

경쟁이 얼마나 치열하고 얼마나 많은 이익을 가져갈 수 있는지에 따라 시장을 크게 두 가지로 비유하여 나눈다. 레드오션(Red Ocean)은 붉은 바다라는 뜻으로, 이미 잘 알려져 있어서 제품이나 기술의 차별화가 어렵고 경쟁이 매우 치열한 시장을 의미한다. 서로 치고받고 싸우며 경쟁하다 보니 피투성이가 되므로 레드오션이라고 한다. 반면 푸른 바다를 뜻하는 블루오션(Blue Ocean)은 현재 존재하지 않거나 알려져 있지 않아 경쟁자가 없는 유망한 시장을 가리킨다.

조한 거예요. 최근에는 모든 자동차 회사가 테슬라를 따라 하려고 노력하지만, 이 또한 경쟁에 스스로 뛰어드는 것이에요.

    누군가는 **경쟁에서 벗어나 새로운 세상을 창조**해야 해요. 레드오션에서 블루오션으로 향해야 하는 거예요. 대형 시스템 컴퓨터와 단말기뿐이던 세상에서 개인용 컴퓨터와 운영 체제를 만든 마이크로소프트처럼, 누구나 맛있는 커피를 팔 생각만 할 때 멋진 분위기와 경험을 제공했던 스타벅스처럼, 남들은 휴대폰의 크기와 가격만 고민할 때 사진이나 음악 등을 즐길 수 있는 스마트폰을 만들어 낸 애플처럼요.

다가오는 미래에 나의 선택과 갖춰야 할 것은?

미래에는 각 분야의 전문가들이 프로젝트에 따라 모였다가 헤어지기를 반복하기 때문에 평생직장이라는 개념은 사라질 지고 평생 직업의 시대가 될 거예요. 게다가 **4차 산업혁명 시대**에 접어들면서 인공지능과 로봇이 사람들의 일자리를 빼앗아 가고, 사회 각 분야에서 **디지털 전환**이 일어나고 있어요. 인도나 중국의 경쟁자들이 국경을 가리지 않고 나의 일자리를 위협하는 상황에서 워라밸도 챙기면서 내가 원하는 일을 찾으려면 어떻게 해야 할까요?

디지털로 다 바꿔! 디지털 전환

디지털 트랜스포메이션(Digital Transformation) 혹은 디지털 전환은 디지털 기술을 통해 전통적인 사회 구조에 혁신적인 변화가 일어나는 현상을 말한다. 많은 기업들이 사물 인터넷(IoT)이나 클라우드 컴퓨팅, 인공지능(AI), 빅데이터 등 정보통신 기술(ICT)을 활용해 기존 서비스 및 운영 방식을 효율적으로 바꾸고 있다. 예를 들면, 옛날에는 지폐나 동전을 사용하다가 신용카드를 사용하면서 지폐 사용이 줄어들었다. 신용카드도 휴대폰 안으로 들어오고 QR코드 등을 사용하면서 이제는 지갑 대신 휴대폰만 있으면 되는 세상이 되었다.

먼저 자신이 어떤 사람인지 알아보는 게 중요해요. MBTI와 같은 적성검사를 해 보는 것도 좋아요. 만약 여러분이 안정적인 삶을 원하고 조직 생활에 잘 적응할 수 있는 성향이라면 대기업이나 중견기업을 지원하는 것도 좋아요. 상하관계가 뚜렷한 조직 사회에서 때론 불합리한 일을 만나더라도 그에 대처하고 나의 의견을 제시하면서 사람들의 합의를 이끌어 내는 방법은 대기업과 같은 거대한 조직에서 배울 수 있는 값진 경험이에요. 물론 대기업이 이전처럼 안정된 노후 생활을 보장하지는 않지만, 거대 조직에서 일한 경험은 나중에 두고두고 큰 도움이 되기도 해요.

내 MBTI는 뭘까? MBTI 적성검사

MBTI는 마이어-브릭스 유형 지표(The Myers-Briggs Type Indicator)의 약어로, 1921년~1975년에 미국의 캐서린 쿡 브릭스와 이저벨 브릭스 마이어스 모녀가 개발한 심리 검사의 일종이다. 심리학자 칼 융의 이론을 바탕으로 개발된 성격 유형 검사인데, 질문에 답하며 성격의 유형을 스스로 진단하여 16가지 유형의 하나로 분류할 수 있도록 했다. 외향형(E)과 내향형(I), 감각형(S)과 직관형(N), 사고형(T)과 감정형(F), 판단형(J)과 인식형(P) 등 4가지 쌍으로 각각 구분되어 총 16개의 성격 유형으로 구분된다.

새로운 것을 추구하고 변화무쌍한 삶을 즐기는 성격이라면 스타트업에서 일하는 걸 도전해 볼 수 있어요. 체계적인 조직과 업무 처리 과정이 정립되어 있지 않아 배우는 데 어려움은 있지만 대기업에서는 경험할 수 없는 다양한 업무를 빠른 시간 안에, 때로는 어쩔 수 없이 배우게 돼요. 빠르게 의사 결정을 하고 일을 추진하다가 아니다 싶으면 또 재빨리 수정할 수 있는 것 또한 대기업에서는 배울 수 없는 짜릿한 경험이지요.

새로운 것에 도전적이고 불안정한 상황을 감내할 수 있는 성격이라면 창업에 도전해 보는 것도 적성에 맞을 거예요. 대기업이나 스타트업에서 일한 경험이 있어도 좋지만, 그런 경험이 없어도 창업할 수 있고, 창업의 경험 자체가 소중한 자산이 될 수 있어요. 대기업이나 조직 속에서 생활하다가 나의 이름으로 창업을 하고 회사를 운영하면 전혀 예상하지 못한 일들을 경험하게 돼요. 대기업에 있을 때는 쉽게 할 수 있었던 일들이 대기업 간판을 떼고 나면 할 수 없거나 어려운 일들이 많거든요.

대기업에서는 쉽게 입찰하고 따낼 수 있었던 계약들이 중소기업이나 스타트업이면 지원조차 하기 어려울 때가 많아요. 그래서 대기업이 온실이라면 스타트업 세계는 아무도 나를 보호해 주지 않은 야생이라고 하는 거예요. 하지만 내가 속한 기업이나 조직의 이름이 아니라 **나의 이름, 내 회사의 이름으로 전 세계와 경쟁**한다고 생각하면 멋지지 않나요? 게다가 내 회사는 정년퇴직을 걱정할 필요가 없으니 수명이 길어진 백세시대에는 더욱 매력적일 수 있어요.

빌 게이츠가 차고에서 처음으로 개인용 컴퓨터를 만들었던 것처럼, 마크 저커버그가 대학생 때 학생들의 얼굴과 프로필 공유로 페이스북을 시작했던 것처럼, 여러분도 일인용 공유 오피스에서 창업해서 세계적인 기업이 되는 꿈을 키워 보면 어떨까요? 그러기 위해서는 학업 성적만 좋아서는 어려워요. 학업 성적은 학교생활을 열심히 했다는 증거니까 물론 중요하지만, 미래에는 학교에서 배운 것만으로 해결할 수 없는 일들이 더 많아질 거예요. 특히 **우리가 경쟁해야 할 대상**은 같은 반, 같은 학년 친구가 아니라 **전 세계**에 있어요. 그리고 **눈에 보이지 않는 빅데이**

터로 무장한 인공지능과 지칠 줄 모르는 로봇과도 경쟁해야 해요.

이들과의 경쟁에서 이기려고 애쓸 게 아니라, 이들이 할 수 없는 **나만의 것을 창조**해야 해요. 가장 중요한 것은 **문제 해결 능력**이에요. 수학과 과학으로만 설명할 수 없는, 많은 데이터를 분석해도 알아내기 어려운 문제들을 해결할 수 있는 능력이 필요해요. 즉, 다양한 관계와 상황을 종합적으로 이해하고 추론해서 문제를 해결하는 능력이에요.

그럼 이런 능력은 어떻게 키울 수 있을까요? 바로 호기심을 갖는 것에서 출발해요. **다양한 분야에 호기심을 품고 늘 탐구하는 자세**로 책을 읽으면서 인터넷으로 정보를 수집하고 대화한다면 어느새 남과 다른 능력을 갖게 될 거예요. 또한 다양한 상황과 변수를 포용하고 이해하는 **공감 능력**을 갖춰야 해요. 이것이야말로 수학을 아무리 잘해도, 인공지능이 아무리 많은 데이터를 가졌어도 따라올 수 없는 능력이에요. **다른 사람의 감정을 헤아리고 공감**할 수 있고, 나의 이익만을 추구하는 것이 아니라 때로는 내가 손해를 보더라도 다른 사람과 **공동체 전체의 이익이 무엇인지를 생각할 수 있는 능력**이지요. 그리고 지금 당장의 이익이 아니라 장기적인 미래를 바라보고 판단하고 결정할 수 있는 능력을 갖추어야 해요.

이런 능력은 다른 사람과 사회에 대한 관심과 애정을 가지고 지속적으로 알아 나가려고 노력할 때 가질 수 있어요. 그런 능력을 갖는다면 여러분도 새로운 세상을 만들어 낼 수 있을 거예요. 우리나라에 스타트업 붐을 일으키고 세계적인 기업을 키워 나갈 미래의 주인공이 여러분이 될 수도 있어요. 어때요, 가슴이 두근거리지 않나요?